里程碑
文库
THE
LANDMARK
LIBRARY

人类文明的高光时刻
跨越时空的探索之旅

[英] 伊恩·汤姆森 (IAN THOMSON)·著 成林·译

但丁与《神曲》

文艺复兴与人文主义的曙光

DANTE'S DIVINE COMEDY A JOURNEY WITHOUT END BY IAN THOMSON

北京燕山出版社
BEIJING YANSHAN PRESS

多门尼克·迪·米切林诺创作于1456年的《〈神曲〉照耀佛罗伦萨》（*La commedia illumina Firenze*）。该画位于佛罗伦萨圣母百花大教堂的西墙上。

但丁与《神曲》: 文艺复兴
与人文主义的曙光

[英]伊恩·汤姆森 著

成林 译

Dante's Divine Comedy: A
Journey Without End

by Ian Thomson

图书在版编目(CIP)数据

但丁与《神曲》:文艺复兴与人文主义的曙光 /
(英)伊恩·汤姆森著;成林译. —北京:北京燕山出
版社,2022.8
　(里程碑文库)
　书名原文:Dante's Divine Comedy:A Journey
Without End
　ISBN 978-7-5402-6601-1

　Ⅰ.①但… Ⅱ.①伊…②成… Ⅲ.①但丁(Dante,
Alighieri 1265-1321)—传记②《神曲》—诗歌研究
Ⅳ.①K835.465.6②I546.072

中国版本图书馆CIP数据核字(2022)第128039号

First published in the UK in 2018 by Head of Zeus Ltd.
Copyright © Ian Thomson 2018
Simplified Chinese edition © 2022 by United Sky
(Beijing) New Media Co., Ltd.

北京市版权局著作权合同登记号 图字:01-2022-3636 号

选题策划　联合天际　　特约编辑　刘　默　宁书玉
视觉统筹　艾　藤　　　美术编辑　程　阁

责任编辑　刘占凤　赵　琼
出　　版　北京燕山出版社有限公司
社　　址　北京市丰台区东铁匠营苇子坑 138 号嘉城商务中心 C 座
邮　　编　100079
电话传真　86-10-65240430(总编室)
发　　行　未读(天津)文化传媒有限公司
印　　刷　北京雅图新世纪印刷科技有限公司
开　　本　889 毫米 ×1194 毫米　1/32
字　　数　230 千字
印　　张　10.5 印张
版　　次　2022 年 8 月第 1 版
印　　次　2022 年 8 月第 1 次印刷
I S B N　978-7-5402-6601-1
定　　价　78.00 元

关注未读好书

未读 CLUB
会员服务平台

目　录

为了电影银幕上的闪光，

微小的火星中会燃起炽烈的火焰。

（Poca favilla gran fiamma seconda）

想要理解但丁，我们当然不必和他有相同的信仰，但我认为，我们有必要对他的信仰有所了解。

———多萝西·L.塞耶斯

不知不觉中，你已经身处喧闹的暗夜领域。

———路易·费迪南·塞利纳

《暗夜旅程》(*Journey to the End of the Night*)

最新消息

疲惫不堪的但丁[*]

在经历了前所未有而动荡不安的12个月后，但丁·阿利吉耶里，这位14世纪的意大利诗人、《神曲》的作者，于今日承认，他很高兴，因为今年对他来说最困难的部分要过去了。他说："呼，我在地狱这一层里已经待了很久，我简直等不及要从这儿出去。地狱的第四层总算快要完事儿了，这真是太令人欣慰了！"

《私家侦探》杂志报道

2016 年 12 月 23 日—2017 年 1 月 12 日

---

[*]　原文为"Dante in Ferno Shock"。"in ferno"与"Inferno"（意大利语中的"地狱"）谐音。——译者注（此译本中所有脚注均为译者注。）

作者致读者注

除《神曲》外，我提到但丁作品时使用的是它们的意大利文名或拉丁文名，尽管其中有些作品名尚有争议。例如，《新生》曾用名为意大利文的"*Vita nuova*"，但人们现在认为，根据开篇"新生由此开始"（Incipit vita nova）一句，该作品标题应为拉丁文的"*Vita nova*"（但我还是沿用了其旧名）。所有引文，除特别注出的之外，均由作者本人自行翻译。

前　言

前往地狱而复回的神圣之旅 *

> 每个人都应当阅读《神曲》。
>
> ——豪尔赫·路易斯·博尔赫斯

　　在意大利，每个小学生都清楚，《神曲》开篇的故事发生在一座超自然的黑暗森林里，时间正好是1300年耶稣受难日的日出前夕。但丁·阿利吉耶里作为自己诗中的一名角色，正当中年，迷失了正路，孤身一人，身处黑暗，心惊胆战。在一位唤作贝雅特丽齐的女子请求之下，罗马诗人维吉尔的鬼魂将要给但丁展示地狱的全貌：

> 在人生的中途，
>
> 我发现我已经迷失了正路，
>
> 走进了一座幽暗的森林。†

　　但丁从14世纪初开始创作《神曲》。很多人认为，《神曲》是西

---

* 本书中与《神曲》相关的人名、地名以及引文，如无注释，均根据人民文学出版社田德望先生的《神曲》译本2004年1月版译出，原为散文体，由本书译者添加换行标记。本书其余引文，如无注释，均为译者自行翻译。

† 《地狱篇》，第一章，第1行（本书所有《神曲》引文之行数均来自由美国但丁研究权威罗伯特·赫兰德和吉恩·赫兰德合译、由Anchor Books出版的《神曲》意英对照版中佩特洛齐校勘的意大利文部分）。

方文学中最伟大的作品，其中包含了多种文体，令人叹为观止：抒情诗体、讽刺体、圣经体，以及无情的痛骂。诗人大胆地将对崇高与卑贱事物的描绘融合在一起，在某种意义上，这使他的诗显得相当现代。《神曲》的很大一部分由意大利方言写就，但丁认为这种方言是意大利人民真实的表达方式，是在从人们丰富的叙事传统中吸取养分。但丁曾说他的"生命"都归功于这门方言，这是他双亲的母语。甚至当《神曲》利用做作的拉丁语语法抒发感情，书写华丽辞章之时，它的语言仍然贴近日常的使用方式。在其未能完成的著作《论俗语》（ *De vulgari eloquentia* ，写作时间约在1302年到1305年之间）中，但丁极力倡导亚平宁半岛统一官方语言，而当时该地被超过30种方言"割据"。在但丁的年代，他并不算一名"意大利人"，因为意大利直到1861年才被统一，成为一个民族国家。也只有到那时，但丁才能成为意大利至高无上的诗人。

《神曲》中描绘的景象富于戏剧化的明暗对比，既有蒸腾的烟雾也有冰封的浅滩，令人心生敬畏。《神曲》分为三部分，每部分长度大致相同，分别为：《地狱篇》《炼狱篇》《天国篇》。每一篇由三十三章押韵的诗行组成，《地狱篇》开头加了一章，总起全诗，因此全诗总共一百章。根据中世纪亚里士多德主义的传统，《神曲》被称为喜剧，因为全诗由描写悲苦始，以描写幸福终。但丁获得拯救的过程以喜悦告终，因此是"喜剧性"的。

在《神曲》中，但丁首先向下潜入九层同心圆状的地狱，随后攀上炼狱山巅，最后在天国一睹神颜。这种从绝望到希望，再获得救赎的主题符合天主教传统。根据中世纪天主教神学，炼狱相当于一个中转站，在那里，不完美的灵魂在升上天国前会被烈焰净化。但丁从超自然的幽暗森林出发，途经炼狱，最终到达天国的旅程只持续了短短一周，但与此相关的诗歌他却花了20多年才写就。旅人但丁先是穿越怪异而悲惨的土地，里面满是有罪的死者，随后他被引导，重新进入一个充满光明的世界。从始至终，但丁创作《神曲》都是为了"对邪恶的世界有所裨益"。

今日的我们离那个神学盛行的中世纪世界已相当遥远，要理解诗人去往来世的三段旅程有时会相当困难。宗教改革后，北欧的中世纪基督教信仰发生了很大改变。亨利八世在英格兰的宗教改革由政治家兼律师托马斯·克伦威尔一手推行。克伦威尔想将天主教对地狱、炼狱、圣母马利亚以及其他被他称为"可憎之物"的信仰连根拔起。《神曲》对教皇和神职人员的腐败大加鞭挞，于是新教徒们就用它来证明，为什么教皇绝对不能成为都铎王朝时期英格兰教会的领袖。但丁将与他同时期的一名教皇，即卜尼法斯八世，描绘为一匹用虚假赦罪哄骗教众的恶狼。这名敌基督式的教皇将圣座变为了"发出血腥味和臭味的阴沟"。

宗教改革期间，但丁的教皇反对者地位被新教徒的论战确立了，后者常把罗马贬低为一名毫无虔诚之心，眼中只有钱财的娼妓。约翰·福克斯写于1563年的《殉道者之书》（ Book of Martyrs ）是当时英格兰最具影响力的宗教书籍之一。作者在该书中称赞但丁是"一位反对教皇的意大利作家"。当然，《神曲》根本不是一部反天主教作品。托马索·康帕内拉是一名多明我派哲学家，1599年被以异端邪说罪起诉。他赞美《神曲》的理由是该诗"用通俗的方式教导人们如何根据天主教信仰生活"。《神曲》所写的属于宗教改革前的世界，那时，同情堕入地狱者被认为是对神圣正义的亵渎。但丁总是小心谨慎地将天主教和腐败的教会区分开来。

《地狱篇》中有些场景极其残酷。高利贷者、腐败的教皇，以及希腊罗马神话中命途多舛的人物纷纷从被诅咒的火焰中直接向但丁诉说他们的境况，使读者不由得瞠目结舌。处处皆是肉体苦痛的声响和迹象。许多受罚的生物诅咒上帝，另外一些则因他怒火中烧，然而没有一个抱怨自己受到的惩罚并不公正。《地狱篇》最重要的主题是严酷的正义。在一首明显是基督教主题的长诗中竟然看不到宽恕，读者可能对此大为惊异。然而中世纪的世界坚信惩罚是永恒的，在某些方面，《地狱篇》好似一部巨型的审判机器，将上帝的正义证实在人类面前。

《地狱篇》在《神曲》的三部分中最受欢迎，这一点儿也不令人惊讶。地狱中的折磨场景不全是但丁自己想象出来的（佛罗伦萨教堂里的湿壁画描绘了类似的情景，街头扮成魔鬼的闹剧演员也咏唱着令人毛骨悚然的诗篇），但这些场景仍然是西方文学中对来世最具原创性且最大胆的描写。《地狱篇》启发了诸多如地狱般吓人的文学作品创作，包括詹姆斯·汤姆逊著于19世纪的史诗《恐怖夜晚之城》（*The City of Dreadful Night*）和马尔科姆·劳瑞的小说《火山之下》（*Under the Volcano*）。后者描写的额头长角的魔鬼以及其他诡异的墨西哥怪物必定来自但丁幻想中的阴森恐怖之地。詹姆斯·乔伊斯的《一个青年艺术家的肖像》（*A Portrait of the Artist as a Young Man*）中的地狱布道也带有但丁风格，其中有位天主教神父接连高喊五次"地狱啊"，试图让恐惧感染听众。维多利亚时代，古斯塔夫·多雷给《地狱篇》的配图也同样令人心生不安，罪人们在蛇坑中颠倒着扭抱在一起*，正如萨缪尔·贝克特在他1976年但丁风格的散文作品《所有奇异远离》（*All Strange Away*）中说："（他们的）泪水沾满了下身。"

　　相比之下，很少有读者会继续读完《炼狱篇》和《天国篇》，但是但丁的诗歌在这两篇中最引人入胜。事实上，由于《神曲》的三篇是一个整体，但丁不想让他的读者在地狱中逗留过久。在《地狱篇》的末尾，撒旦以长有三张面孔、身披蓬乱长毛的怪物形象现身。这一景象既荒谬又索然无味。《地狱篇》中的罪人们已经做出了错误的抉择，因此被困在此地动弹不得，这一点就足以成为全诗不能终结于此的原因。然而，对21世纪的大部分读者来说，《地狱篇》就是但丁的精华，而《炼狱篇》和《天国篇》是三部曲伟大开篇后的狗尾续貂之作。维克多·雨果更是断言，人类的目力不适于直视但丁诗中天国的光辉："诗歌变得幸福时，也变得无趣。"对雨果以及他之后的许多读者而言，《地狱篇》是《神曲》中真正"有趣"的部分，里面描写了禁忌的爱情、大胆的僭越以及无情的惩罚等戏剧化情节。罪与罚如同塞壬的歌声一般召唤着我们，而但丁描写的拯救与赎罪却明显缺乏这种魅力（因此，在美国电视剧《广告狂人》中，我们可以看到充满魅力但满口谎言的唐·德雷帕在夏威夷海滩上读着《地狱篇》）。

　　但丁对自我认知和救赎的想象力让他的作品登上了中世纪晚期

---

* 《地狱篇》，第二十四、二十五章。

在《广告狂人》的第六季中，唐·德雷帕躺在夏威夷的一片海滩上阅读1954年平装版本的《地狱篇》，译者是约翰·西阿弟。

诗歌的巅峰。《神曲》有严肃的宗教意图——对罪恶毫不畏缩的凝视，以及通往拯救的漫长石阶——因此有些人把它误读为一部沉闷的中世纪神学作品。伏尔泰将但丁视为一名传播蒙昧年代黑暗迷信思想的诗人，认为他所代表的顽固和宗教狂热使欧洲旧制度枯萎僵化，所以伏尔泰在1727年的《论史诗》（*Essay on Epic Poetry*）中并没有提到但丁。自从那时起，但丁就经常被认为是个乖戾、禁欲、睚眦必报的诗人。作为持此类观点的读者中的一名代表性人物，弗里德里希·尼采将但丁贬为在墓地中作诗的"鬣狗"。当然，但丁确实用自己的诗发泄了个人恩怨，但诗中也有出于无私爱国热情的愤怒，以及对朋友、恩师和同伴的温情回忆。拜伦勋爵笔下那个"严苛的但丁"[*]所做的不仅是把朋友置于天国、将敌人投入地狱而已，可以说《炼狱篇》和《天国篇》中的旅者但丁热情、幽默、温柔，而在贝雅特丽齐左右的他则显得欢欣无比。拜伦承认，但丁的温柔"超越了一切温柔"[†]。正是出于这些各种各样的原因，《神曲》始终是欧洲文学经典的一座丰碑。

* * *

《神曲》的核心主题之一是但丁对爱的神秘性的沉思。长久以来，学者们一直都不理解但丁对贝雅特丽齐·德·波尔蒂纳里的爱属于什么性质。贝雅特丽齐是不是真的存在？我们对她所知甚少，但她是但丁的生命之火，是但丁第一部伟大作品《新生》的主题。《新生》由一系列优美的诗篇串成，是一部富含宗教思想的回忆录。据称，贝雅

---

[*] 语出拜伦长诗《唐璜》，第十章，第二十七节。

[†] 语出《拜伦书信及日记集》（*Byron's Letters and Journals*），L. A. Marchand编，第八卷，第39页。

特丽齐24岁时（1290年），就在故乡佛罗伦萨离世，留下但丁形单影只。在整部《神曲》中，她是神圣恩典的化身，象征着受过启示的天主教思想。虽然贝雅特丽齐直到全诗中间部分才出现（头戴面纱，身着烈火般的红色长袍*），但在一开始她就是从天国向维吉尔传话的人。当维吉尔的向导地位被贝雅特丽齐取代，但丁的救赎就宣告完成了。贝雅特丽齐此时已经取下面纱，随后但丁听到了所有文学作品中最美丽而简朴的爱情宣言之一："你向这里看！我就是，我就是贝雅特丽齐。"（Guardami ben: io son, io son, Beatrice.）†

《神曲》是首部由女性担任异世界向导的文学作品。在第三部《天国篇》中，贝雅特丽齐是宇宙中某种星系的魔法，最终将但丁引向"推动着太阳和其他的群星（的爱）"（l'amor che move il sole e l'altre stelle），这爱就是上帝。她闪耀的外表开风气之先，超越了时代。《天国篇》第二十九章，贝雅特丽齐批判了曲解福音书原意的布道者，诗句读来铿锵有力。想必部分神职人员读到这段时会心神不宁，圣保罗就在《圣经》中明文禁止女性传授教义，"管辖男人"。

但丁对贝雅特丽齐的爱情这一主题在维多利亚诗歌、绘画以及布道词中出现之频繁，令人目眩。对拉斐尔前派而言，贝雅特丽齐

---

* 《炼狱篇》第三十章，第31～33行。

† 《炼狱篇》第三十章，第73行。但丁原文应为"Guardaci ben! Ben son, ben son Beatrice"，作者将古体意大利文的拼写进行了现代化处理。

画名《贝娅塔·贝雅特丽齐》（*Beata Beatrix*），由拉斐尔前派画家兼诗人丹特·加布里埃尔·罗赛蒂创作。画中贝雅特丽齐外表的原型是罗赛蒂的亡妻伊丽莎白·希达尔，后者于1862年死于服药过量。

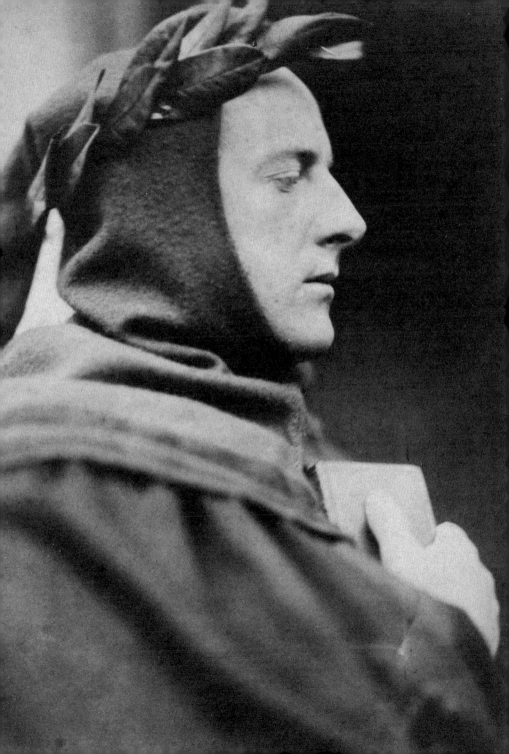

就如同夏洛特小姐*和弗洛伦斯·南丁格尔一样，彰显着骑士精神，是完美及圣洁的爱的化身。是爱让贝雅特丽齐行动起来［她告诉但丁："爱推动我"（amor mi mosse）†］。应景的是，她名字的字面含义就是"令人受福的女性"。但丁对贝雅特丽齐的爱是最伟大的爱，当然，也是所有作品中最为持久而不寻常的对爱的叙述。《贝雅特丽齐形象研究》（*The Figure of Beatrice*）是20世纪的文学批评家兼小说家查尔斯·威廉斯的杰作之一，探索了但丁对贝雅特丽齐之爱的本质。该书有时显得难以定义、捉摸不定，混合了学术研究与暗藏其中的英国天主教神秘主义，1944年出版后广受好评。到20世纪40年代晚期，威廉斯已经成为整个贝雅特丽齐研究领域的领军人物（T. S. 艾略特相当欣赏他的超自然惊险小说）。

令人惊奇的是，今天《神曲》竟出现在各式大众书籍和媒体上，从雷蒙·斯尼科特创作的一系列儿童文学作品到日本动漫，甚至是电子游戏《毁灭战士》（*Doom*）系列，这些作品的背景介绍都提到了"九层地狱"，以及"末日杀戮者"（或"地狱行者"）。丹·布朗的《地狱》是2013年最畅销的小说。该书是一部有许多参考书目的惊悚作品，主人公侦探罗伯特·兰登迷失在了一座由但丁风格的符号和密码构成的迷宫中。当然，但丁的《地狱篇》令人心生敬畏，

---

* 见阿尔弗雷德·丁尼生发表于1883年的同名叙事诗，诗中女主人公死于对骑士兰斯洛特的爱情。

† 《地狱篇》第二章，第72行，但这句话实际上是贝雅特丽齐对维吉尔说的。

在这张1862年的玻璃板底片中，拉斐尔前派画家约翰·埃弗里特·米莱斯装扮成但丁的模样。对拉斐尔前派来说，但丁是一位文学英雄。

布朗的《地狱》却只能说是糟糕。读者从以下描写可见一斑："一名体形健硕的女子轻松地从她那台宝马摩托车上跃下……"*

* * *

但丁大约从1308年开始创作《神曲》，此时距离他从佛罗伦萨被流放已经过去6年，他当时的罪名包括贪污腐败等。这些罪名多数不实，可但丁却因此再也没能踏上故乡佛罗伦萨的土地。他在拉韦纳完成了《神曲》，并在1321年逝世于此，也安葬于此。但丁的流放使他能够根据个人想象描绘地狱的场景，并对伪君子们（但丁是这么看待他们的）施以无情的复仇，那些家伙靠着双重标准行事，大肆争夺不义之财，使佛罗伦萨陷入濒临毁灭的境地。教长、政客以及其他堕落分子或是被扔进焦油中活活烹煮，或是深陷寒冰之中，或是被埋进恶臭的深坑内。读者追随着但丁前往地狱，走得越深，越能感受到但丁燃烧得越发猛烈的复仇怒火。娼妓（"淫荡的克利奥帕特拉"†）、堕落的银行家、放高利贷的人、背叛爱情的人、无能而腐败的统治者、未能得到赦免的人、骄傲跋扈的人以及被逐出教会的人，所有这些人或被烈焰焚身，或被投入粪坑，或深陷于沥青中。浪漫主义恐怖文学从但丁对活死人的描写中汲取了大量养分。在威廉·贝克福德创作于1782年的哥特式小说《瓦泰克》(Vathek) 中，读者仿佛可以听到地狱的锁链哗哗作响。该书中的"地火之宫"是现代文学作品里首个受但丁影响的令人毛骨悚然的地狱形象。浪漫主义恐怖文学也影响了1935

★　丹·布朗《地狱》，第10页，人民文学出版社，2013年12月第1版。

†　《地狱篇》第五章，第63行。

年的惊险电影《但丁的地狱》(*Dante's Inferno*)。该片由斯宾塞·屈塞主演，他扮演一名无情而野心勃勃的马戏团经理，继承了一座名叫"但丁的地狱"的游乐场。片中有一场长约10分钟的对但丁风格的地下世界的重构展示，裸身咆哮的幽影、盘绕的毒蛇、凄凉的沟渠应有尽有，这一切都处在撒旦不祥的统治之下。这个场景的风格借鉴自古斯塔夫·多雷在维多利亚时代的插画，在二十世纪福克斯电影公司的制片史上可以说是独一无二的。

* * *

今天我们能够理解但丁，不是因为害怕诅咒，也不是因为被基督教启示的美感动，而是因为但丁书写了一个普通人的故事，一名"世人"的故事。*诗中的主角带着希望出发，寻找此生的救赎和重生。《神曲》在某种意义上是一场为了寻求更美好的生活而进行的朝圣之旅。在诗中，但丁在道德上的进步是中世纪真实生活的一部分。那时，人们纷纷前往耶路撒冷、罗马、圣地亚哥-德-孔波斯特拉以及（乔叟†提醒我们的）坎特伯雷朝圣。朝圣之旅不仅能够减免参与者死后赎罪的劳苦，还能缩短他们已逝的爱人在炼狱的涤罪烈焰中

---

* "世人"（Everyman）一词出自同名中世纪道德剧，该剧讲述了"世人"一角在面对死亡时，由良善陪伴，通过忏悔离开此世升入天国的故事。

† 乔叟是英国中世纪晚期著名诗人，代表作为《坎特伯雷故事集》。该书讲述了一群朝圣者在前往坎特伯雷大教堂的路上讲故事消磨时光的经历。

下页图
在1935年的电影《但丁的地狱》中，斯宾塞·屈塞正盯着一座但丁的胸像。电影中一名角色说："但丁通过《地狱篇》向全世界传达的讯息，在今天燃烧得和他写作时一样明亮。"

必须度过的时间。

当英国作家约翰·班扬于17世纪60年代写作《天路历程》(*The Pilgrim's Progress*)时,《神曲》还没有完整的英译本,但是"世人"旅行朝圣这一隐喻影响了但丁和班扬的基督教寓言。在《神曲》中,但丁是一位"出身低微的外乡人"(persona umile e peregrina)*,起先看似就要陷入万劫不复的境地,最后却沐浴在神恩之中。约瑟夫·卢齐教授是美国著名的但丁专家,他的妻子凯瑟琳于2007年在纽约州的一场车祸中不幸去世,当时他仿佛深陷地狱一般。卢齐在他的回忆录《在幽暗的森林里》(*In a Dark Wood*)中,讲述了医生们如何通过剖腹产手术抢救出他们的女儿,在那之后仅仅过了45分钟,医生们就正式宣布了凯瑟琳的死亡。丧偶的卢齐就像身在但丁的"幽暗森林"中一般孤独,但最终,他还是在《神曲》中为自己破碎的生命找到了意义。

* * *

为了尽可能扩大受众范围,但丁在创作《神曲》时没有选用拉丁语,而是用了故乡佛罗伦萨简单易懂的方言。在中世纪晚期和文艺复兴早期,没有其他作品如此彻底地拒绝使用拉丁语。拉丁语在当时是文学作品和教会使用的语言,也是中西欧受过教育的精英阶层通用的语言,所有严肃的思考,甚至还有一部分讲话,都是用拉丁语完成的。人们认为教会拉丁语特别适于阐述那些永恒不变的真

★ 字面意思为"出身低微的旅者"。《天国篇》第六章,第135行。

理，而阐述真理只有靠人类的"高等理性"才能完成。然而，与优雅悦耳的托斯卡纳方言相比，拉丁语显得抽象、凝滞而笨重。托斯卡纳方言是农场与市井使用的语言，比起书写，它多用于口头表达，含有许多粗话和辛辣的咒骂。与这门方言的乡土气息相称的是，《神曲》中出现得最频繁的词是"土地"（terra）：但丁用来写诗的语言，是生活在他故乡的街道上、周边乡村里的村民们日常使用的语言。《神曲》的第一批读者是佛罗伦萨的羊毛商人、酒馆老板和手工艺人，他们对拉丁语所知甚少，甚至一窍不通。此外，侍臣、王公以及教长们也属于《神曲》最早的读者群体。

但丁选择用故乡托斯卡纳的方言来写作，是西方文明史上一个标志性的时刻。他拒绝用拉丁语写作这一行为比乔叟早了80年。但丁也因此帮助托斯卡纳语奠定了意大利文学语言的地位，甚至使其最终成为民族语言的基础。如果人们将但丁尊崇为现代文学文化宗师的话，主要是因为他"发明"了意大利语。在14世纪开端，亚平宁半岛上遍布着城邦，每个城邦都流通着源自"粗俗拉丁语"*的方言，托斯卡纳方言仅是其中之一。《神曲》中的"拉丁人"（latini）一词指意大利人，"拉丁之地"（terra Latina）则指意大利。当时，整个半岛广泛使用的通用语——意大利语尚未诞生。假如但丁来自米

★　Vulgar Latin，与标准书面表达使用的古典拉丁语（Classical Latin）相对。所谓的"粗俗拉丁语"实际上就是拉丁语在地中海沿岸各地的方言形式。

下页图
1935年好莱坞电影《但丁的地狱》中的地狱场景。该片由后印象派画家哈里·拉赫曼执导，肯·罗素1980年执导的科幻惊悚片《灵魂大搜索》（Altered States）里，穿插了不少《但丁的地狱》中的镜头。

兰或巴勒莫，今天的意大利语可能会截然不同。想到这一点，难免让人心生好奇。

迄今为止，我们拥有超过800部早于古腾堡时代的《神曲》出版手稿，然而，没有一部出于但丁本人之手。《神曲》最初流通的版本由抄写员誊写，很多手稿装帧精美、字体优雅，可谓精品，但也有一些充斥着划痕、刻印、杂乱无章的页码以及抄写错误。湿气和鼠患（用来抄写的羊皮纸是可食用的蛋白质来源）也对手稿造成了伤害。《神曲》的第一个印刷版本由德国牧师兼印刷商约翰内斯·纽迈斯特于1472年在翁布里亚出版，虽然它用了清晰优美的哥特式字体，内容却有错误。世界上最小的但丁作品集《袖珍但丁》(Il Dantino)里也同样有若干错误。这部作品集于1878年在米兰出版，长5.7厘米，宽4.4厘米，设计理念是方便人们将其放进马甲口袋，但读它必须借助高倍放大镜才行。《袖珍但丁》在1878年巴黎世界博览会展出时，被誉为"排版技术成就的绝妙实例"。

《神曲》的标准勘校版由乔治·佩特洛齐在1966至1967年编辑完成，今天，从学者到对其感兴趣的普通读者都在使用它。许多学者怀疑确立但丁诗歌的标准勘校版这一任务的可行性，不过，佩特洛齐借助他敏锐的文字洞察力，对30部左右早期的佛罗伦萨手稿进行了深入研究，最终分析出了那个隐藏于背后的"真实"但丁。这些手稿都完成于佛罗伦萨作家乔万尼·薄伽丘（他创作了《十日谈》，而且是第一个给但丁立传的人）为编辑但丁手稿而付出努力之

意大利作家兼化学家普里莫·莱维在1940年的照片。3年之后他被意大利法西斯主义者逮捕，投入奥斯维辛集中营。但丁深刻影响了莱维的奥斯维辛集中营回忆录《这是不是个人》(If This is a Man)的创作风格。

前。从14世纪50年代中期到70年代早期，薄伽丘至少将原稿抄写了三次，随后对原稿随意操弄了一番，还将它污损了。巧合的是，薄伽丘是首个将"神圣"（Divine）一词加入诗作名称的人，而但丁本人只是简单地将自己的诗称为"喜剧"（但有些学者坚称，"神圣"一词直到1555年才被一名威尼斯印刷商加入书名中）。

在佩特洛齐四卷本的"国家版"《神曲》〔名为"古代定本《神曲》"（The Comedy According to the Ancient Vulgate）〕中，80%的内容都可以被今天的意大利读者轻松理解，乔叟的中古英语却能让大部分英国人落荒而逃。意大利的学校教授《神曲》，教皇的圣座赞美《神曲》，T恤上印着《神曲》，议会里有人为《神曲》击节称赞，在街头能听到有人引用《神曲》的片段。意大利作家兼化学家普里莫·莱维，少年时在故乡都灵参与过所谓的户外"但丁锦标赛"。参赛的男孩子纷纷炫耀自己对《神曲》的了解，一名选手背诵一段《神曲》，其对手需要说出接下来的那段才能得分。在他1947年创作的集中营回忆录《这是不是个人》中，莱维就讲述过自己在奥斯维辛集中营里挣扎着回忆但丁的诗行的经历。1944年某天，他和一名法国囚犯让·萨缪尔一同去领取当日的饭汤，这时，《地狱篇》第二十六章涌进了他的脑海。在那一章中，古希腊英雄尤利西斯在自己和伙伴们被大海吞没之前，鼓励他的船员们踏上最后的征途时说：

细想一想你们的来源吧：

你们生来不是为的像兽类一般活着，

而是为追求美德和知识。*

在地狱般的奥斯维辛集中营，"世界的肛门"（anus mundi）之中，尤利西斯对知识和理解的褒扬闪耀出崇高而充满尊严的光辉。但丁在第二十六章中对人类求知、奋进的展望将成为意大利文艺复兴运动的核心，《神曲》可被视为人类从哥特式黑暗到前文艺复兴的光明之间的首次伟大一跃。因此，普里莫·莱维和让·萨缪尔并不是"劣等人种"（Untermenschen，纳粹种族科学家对犹太人的称呼）；相反，他们身为"人类"的一员，以求知为目的。曾有人怀疑，莱维在奥斯维辛集中营里是否真的回忆起了但丁的诗行：前文艺复兴时期的美和当时他邪恶的处境对立得如此强烈，可能属于事后编造。但是，莱维那代是最后一批基本上靠死记硬背来接受教育的意大利人，尤利西斯那一章（当然还有更多章节）的每一个词句都深深刻在他的脑海里。

* * *

《地狱篇》是继《圣经》之后翻译版本最多的书籍，仅在20世纪就有至少50个英译本。我们从译本中可以了解到人们对但丁态度的变化。维多利亚时代的人常把《神曲》中晶莹剔透的诗章劣化成徒有浮夸的虔诚外表，内里满是正义的道德说教。约翰·拉斯金那样严肃的基督徒认为他们有义务传播《神曲》中包含的一条信息，即原罪的代价要在炼狱之中偿还。但是，令维多利亚时代的人尴尬的是，显而

---

* 《地狱篇》第二十六章，第118～120行。

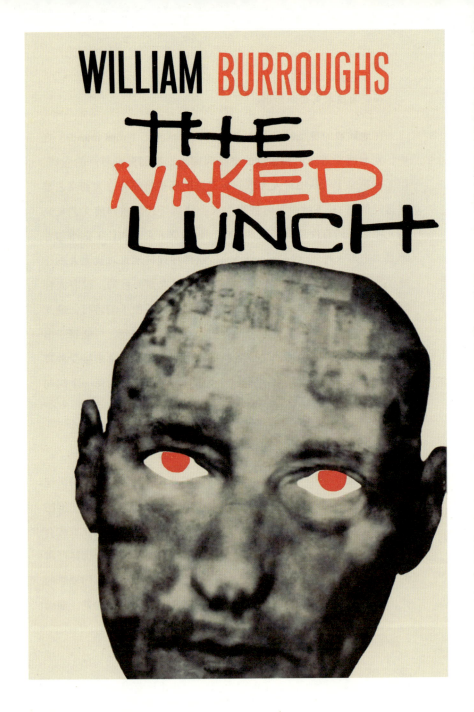

易见，《神曲》中的部分篇章下流、粗俗不堪。威廉·巴勒斯的小说《裸体午餐》描写了瘾君子的幻觉。该书于1965年在波士顿因淫秽色情内容遭到举报，援引但丁成了为该书辩护的策略。就像户外厕所，但丁跟巴勒斯差不多，仍然需要人们花点儿时间去适应。

但丁对当代英美文学的影响至今可见且至关重要。诗人克雷格·雷恩在2012年出版了小说《神曲》。背景设定于华沙组织解体后的波兰，该书毫不畏缩地直面人类的肉体功能及其受到的屈辱：肠胃胀气的尴尬，还有鞭笞带来的难以捉摸的兴奋之情（某个角色是这么认为的）。通奸者纷纷被给予但丁式的惩罚：或是死于车祸，或是患上癌症。"但丁知道他在说些什么。"皈依天主教的罗伯特·洛威尔在1954年给埃兹拉·庞德的信中如是写道。洛威尔可能是说，但丁了解原罪的代价。一名生活时代更晚一些的"罪人"，英国作家杰弗里·阿切尔，将他那套共三卷的监狱回忆录的副标题命名为"地狱""炼狱"和"天国"。

詹姆斯·乔伊斯则这样表达他对《神曲》永恒的热爱："我热爱但丁如同我热爱《圣经》。"随后他补充道："他是我的精神食粮，其他人只算道砟。"但丁的诗歌包含生命的一切，因为诗人的想象力可以包容一切，将古典哲学、天主教教义还有时事政治全部交织在一起。奥诺雷·德·巴尔扎克在《人间喜剧》中有意识地模仿了但丁诗歌中多样的人性和复杂的细节。另一位但丁学家、俄国诗人奥西普·曼德尔施塔姆在斯大林当政期间，每次离开自己在莫斯科的公

威廉·巴勒斯充满争议的小说《裸体午餐》1964年英国版的封面。1965年，当该小说因淫秽色情在波士顿受到审判时，援引但丁成为其辩护策略。

寓时都会带上一部平装版《神曲》，以防自己某天被捕。但丁的诗中包含的黑暗的哀伤——长夜黑暗，处处险恶——对像曼德尔施塔姆和奥斯卡·王尔德那样受到不公迫害和囚禁的作家来说并不陌生。

1882年，王尔德在美国巡回演讲期间，受邀参观一家位于内布拉斯加州的监狱，这仿佛预兆着他14年后的被捕。他惊讶地发现，那里竟有一本多雷插画版《神曲》："天哪。谁会想到能在这儿找到但丁？"可能当地官员想借此教化囚犯。海伦娜·西克特是画家沃尔特·西克特的妹妹，王尔德在给她的信中写道："在我看来，一个被流放的佛罗伦萨人的悲哀，竟然能在几百年后，给一所现代监狱里的某个普通犯人带去安慰，这一点既令人惊奇又充满了美。"王尔德在自己因"严重猥亵"而入狱时，也没忘记要一本但丁的《神曲》，虽然在《神曲》中，同性恋是一项几乎不可饶恕的重罪。

* * *

在所有一神教中，伊斯兰教关于来世的传说最多。《古兰经》对受祝福者、罪人的灵魂所在之处及他们生活的描写很详细。但丁在创作《神曲》的某些部分时，可能参考了这些描写，因为那些片段中用了一系列来自阿拉伯-伊斯兰传统的词汇装点，比如"刺客""炼金学""天顶"以及"酒精"。然而，在《神曲》中，先知穆罕默德被处以一种诡异的刑罚，他的身体被劈成两半，内脏露出来，挂在排泄物中间。

这种惩罚真的如某位历史学家坚称的那样，是一种西方社会中东方主义的"特别令人恶心的"表现形式吗？在《地狱篇》中，恶魔和鹰身女妖们时常扭曲、弯折、戳刺并撕咬罪人的身体。值得注意的是，不管罪人是穆斯林还是基督徒（大部分都是基督徒），但丁都对他们一视同仁，毫不留情。显然，我们不能用今日的标准评判但丁，但他对伊斯兰教先知的描绘仍会使部分教徒感到受了冒犯。近年来，穆斯林对《神曲》的反应中既有深思熟虑的学术态度，也有直截了当的喊打喊杀。在德黑兰诗人法里德·马赫达维·达姆加尼于1999年出版的波斯语译本《神曲》中，所有关于先知的描述都被删除了。相同情况也发生在2012年由亨特·艾默生和凯文·杰克逊创作的漫画版《地狱篇》中（可能出于政治正确）。"由于我们对伟大的伊斯兰教及其信徒饱含敬意，"杰克逊写道，"我们就省略了这一部分。""文明冲突论"的影响越发广大，基督教的西方与伊斯兰教的东方之间原本就存在的鸿沟，由于对先知的贬损，自然恶化性地扩大了。1938年，重印印度斯坦语版的 H. G. 威尔斯的《世界简史》(*Short History of the World*)造成了英国有史料记载的第一次穆斯林焚书运动：就像但丁那样，威尔斯将先知描述为"一名相当虚荣的男子，贪婪、狡诈、自我欺骗"。焚烧此书带有象征含义，伦敦东区的穆斯林社群希望可以借此减轻对伊斯兰教的冒犯。2002年，有人谋划引爆博洛尼亚大教堂，因为教堂里一幅15世纪的湿壁画描绘了穆罕默德在末日审判中被恶魔折磨的景象。该画由乔万尼·达·摩德纳创作，灵感来自但丁的诗歌。本书试图回答的问题之一，就是但丁究竟为何要将穆罕默德置于地狱中。

许多近期的学术研究着眼于但丁对女性和两性关系的态度，却很少注意但丁和音乐的关系。显而易见，但丁研究过音乐，并习惯欣赏优美的演奏。许多作曲家都想知道，把《神曲》改编成音乐是否可行。但丁在地狱之门上方的题字——"进来的人们，你们必须把一切希望抛开！"*——十分著名。弗朗茨·李斯特在他1856年《但丁交响曲》（Dante Symphony）的开头用拟声手法把这句话表现了出来。在某种特别的含义上，李斯特这首交响诗（实际上算不得交响曲）像是恐怖电影的配乐，因为它那宏大的和弦发出悲叹之声，间隔以紧凑的寂静片段。只有一名意大利作曲家计划过根据《神曲》全三章创作一部作品，这个人就是托斯卡纳出生的贾科莫·普契尼，他的歌剧《贾尼·斯基基》是依据《地狱篇》中的一个人物的经历改编的。†在"一战"前夕的意大利，但丁不可避免地被赋予了新含义，成为整个民族的代言人。墨索里尼最喜爱的作家是意大利诗人兼飞行员加布里埃尔·邓南遮，是他为里卡尔多·赞多纳伊于1914年创作的歌剧《弗兰切斯卡·达·里米尼》（Francesca da Rimini）作了词。该歌剧改编自《地狱篇》，其雅致的配乐令人想起粉色的灯罩和沙沙作响的裙摆，正适合歌词那颓废、慵懒的气质。今天，邓南遮或多或少被看作一个描写人类感官的业余爱好者。他的诗歌《两位贝雅特丽齐》（Due Beatrici）将但丁那位身居佛罗伦萨的缪斯女神赞颂为一位眉目含情的淑女，就像一块棉花软糖般娇嫩。

可喜的是，20世纪60年代，先锋派艺术家也改编了但丁，创作

★ 《地狱篇》第三章，第9行。

† 普契尼最终的成果即他的三联剧（Il trittico）。除了《贾尼·斯基基》外，另外两部为《外套》（Il tabarro）和《修女安杰丽卡》（Suor Angelica）。他原准备根据《神曲》的每章各写一部歌剧，但最终只有《贾尼·斯基基》是从《神曲》改编的。

出一批卓越的音乐作品。卢西亚诺·贝里奥被称为"意大利作曲教父"，就像喜鹊收集各种小东西一样，贝里奥吸取了一系列出自不同作品的元素，从西西里民歌到披头士作品不一而足。1966年2月，他在伦敦的意大利文化研究所做了一场关于但丁的讲座。贝里奥时年41岁，已享盛名，足以引起保罗·麦卡特尼的注意，后者颇为欣赏贝里奥创作于1963至1965年间的作品《迷宫Ⅱ》（*Laborintus* Ⅱ）。这是一部向但丁致敬的作品，扭曲的爵士乐节奏以及由热那亚诗人爱德华多·桑圭奈蒂创作的歌词代表了地狱中的受贿者和高利贷者（该作品为庆祝但丁诞辰700周年而作）。麦卡特尼坐着他的阿斯顿·马丁来到了贝里奥的讲座现场，并在讲座间歇和作曲家简单地聊了聊《神曲》，周围挤满了吵闹的报纸摄影师。某家困惑的英国媒体冒犯了贝里奥，麦卡特尼因此显得比媒体侵犯了他的个人生活还要生气。"你们为什么不去创作点儿什么呢？"这名披头士成员对周围挤挤攘攘的摄影师们高声喊道（第二天早晨，《每日邮报》的头条新闻标题充满讽刺之意：《披头士成员晚上就干这个》）。在更近的时期，英国后朋克乐队"堕落"的那位特立独行的代言人、已不幸去世的马克·史密斯曾宣称："写关于普雷斯特维奇的东西就像但丁创作关于地狱的作品那样理所当然。"在史密斯看来，《地狱篇》不是来自陈旧中世纪世界的古董。1976年，"堕落"在普雷斯特维奇这个曼彻斯特区的小镇成立。后来，史密斯以该小镇为原型，创造出一个但丁式的沉闷死寂的无人之境。这是通俗音乐的新表达方式。

但丁对西方世俗社会的持续影响得到了罗伯特·劳森伯格的进一步推动。他自封为美国当代艺术界的"坏男孩"，从1958至1960

年创作了一系列主题为堕入地狱的作品，其灵感来自约翰·西阿弟翻译的《地狱篇》畅销英译本。萨缪尔·贝克特十分欣赏劳森伯格对但丁风格的阐释——《地狱篇》三十四章的每一章都对应一幅精致的半透明插画。1965年贝克特曾计划（但未能成行）参观这批画在柏林的展览。1989年，当贝克特在巴黎的一家临终关怀医院濒临离世时，床边就摆放着一本《神曲》。他患有肺气肿，全靠附近的氧气罐维持生命。尽管如此，根据诗人德里克·马洪的回忆（他在贝克特于83岁高龄去世前一个月拜访了后者），贝克特沉浸在但丁的作品之中，看起来"悠游自得"。贝克特创作于1954年的《无意义的文本》(*Texts for Nothing*)中的第九段独白包含了《地狱篇》结尾处最后四个单词的直译："重见群星"(a riveder le stelle)★。在这段独白中，一名无家可归的流浪汉在思考死亡时说出了如下台词：

那里有条出路，某处有条出路，其余的自然会来，其他话语，迟早会来，前往那里的力量，去那的方法，昏倒，看到美丽的天空，重见群星。

在但丁·阿利吉耶里逃离地狱那死亡一般的绝境之后，他也将"重见群星"。

伊恩·汤姆森

2018年6月，伦敦

★ 田译本作"重新见到了群星"。《地狱篇》第三十四章，第139行。

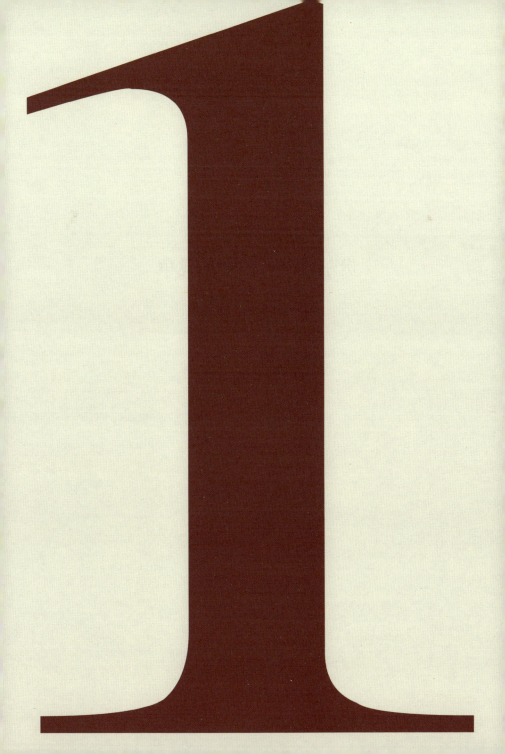

* * * * * *

贵尔弗与吉伯林的党争

但丁·阿利吉耶里于1265年生于佛罗伦萨的圣皮埃尔马焦雷区，该区位于今日的圣母百花教堂与领主广场之间。圣皮埃尔马焦雷是该城一个体面的行政区。贵族、工匠、商人以及社会地位较低的其他阶层都居住于此（今日来到佛罗伦萨的游客能够访问的但丁故居大部分是20世纪早期建造的）。在但丁的时代，佛罗伦萨是欧洲最富饶、人口最稠密的城市之一，比伦敦要大得多。但丁的父亲约于1220年出生，是一名公证人，属于佛罗伦萨中等商人贵族阶层。家族的姓氏"阿利吉耶里"（Alighieri）可能意为"展翅者"，来自拉丁文"aliger"（有翅膀的）。诗人的教名"杜兰特"（Durante）并无基督教含义，这一情况在13世纪的佛罗伦萨稀松平常，当时只有四分之一的意大利孩童以天主教圣徒命名。杜兰特的意思是"忍耐者"或"抵抗者"，后来缩写为但丁。

但丁的父亲并无政治权力，但作为佛罗伦萨上层阶级的一员，他在城外有两个较大的农场：一个在菲耶索莱附近，另一个在蓬塔谢韦附近。他能够负担得起孩子们的教育。作为一名精明的财产管理人，他将地产租赁给农民。虽然他外表正直，可他的主要事业却与基督教道德格格不入：根据基督教教义，通过投机方式挣未来的钱是错误的，因为未来仅属于上帝。而且，他还从事借贷行业。但丁谴责这一行为是"高利贷"（并无通常的反犹含义）。但丁把高利贷者、渎神者以及鸡奸者一道放置在地狱的第七层。在那里，高利贷者被迫注视着挂在他们脖子上的沉重钱袋，钱袋用华丽纹章装饰，就像装着今天风险投资人获得的红利佣金一般。读者如果认为"一张关于意大利的罪恶清单占了《神曲》中一大部分"（W. B. 叶芝语），也并不为过。借贷者靠钱生钱，犯下了"对自然的暴力"，必须为此忏悔弥补。埃兹拉·庞德在20世纪30年代创作了《地狱诗章》，将但丁笔下的地狱想象为一家腐败的伦敦银行，高利贷者在那里饮下"因粪便而变甜的鲜血"：

> 充满烦人骗子的泥潭，
>
> 愚行的沼泽，
>
> 恶毒的愚行，更多的愚行。
>
> 土壤是活体的脓液，充满害虫，
>
> 死去的蛆虫产出活的蛆虫，
>
> 贫民窟的所有者，
>
> 高利贷者挤着阴虱充当官员的淫媒……

对庞德和但丁来说，高利贷是对人类"艺术"（arte，自然之女）*犯下的罪行：上帝教导人类通过辛勤劳动谋生，而被《圣经》严令禁止的高利贷并不是真正的劳动。问题来了：在多大程度上，但丁的父亲可以在日常工作中无视经文的禁令，继续"以上帝和利润的名义"行事？毫不为奇，但丁在《神曲》中完全没有提到父亲，后者如幽灵一般消失了。然而诗中其他角色倒确实提到过但丁之父。十四行诗诗人浮雷塞·窦那蒂（在《炼狱篇》中出现）是但丁之友，他曾传言但丁的父亲"在深坑中"（tra le fosse），即在佛罗伦萨的债

---

* 《地狱篇》第十一章，第103行。此观点源自亚里士多德《物理学》，原话为"人工尽可能模仿自然"，人工包括艺术在内。

圣约翰洗礼堂是佛罗伦萨最古老的建筑物之一，1266年但丁在此受洗，《神曲》称其为"美丽的圣约翰洗礼堂"。

务人监狱里。佛罗伦萨那些信仰基督教的商人的那种借贷收息的交易行为是资本主义发展的基石，但与此同时，他们也承受了忽视宗教信仰的风险。虽然借贷是一个危险的行业，但它马上就要将佛罗伦萨变成欧洲第一个金融中心，使其地位如同今日伦敦。这两地的商人实际上还兼任银行家，经营货物和金钱，买进卖出、接收典当、交易外汇、投资保险。

但丁十分严肃地对待诗中那些父亲般的角色，因此他对生父的沉默不语透露出很多信息。《神曲》中最重要的长辈角色不是阿利吉耶罗·迪·贝林丘内，而是但丁的高祖父卡洽圭达·德·艾丽塞。我们对此人的历史所知甚少，只知道他是一名托斯卡纳贵族，文献记载其出生于约1091年。但丁对卡洽圭达的家世记载可能并不属实。据但丁称，虽然卡洽圭达仅拥有"微不足道的（高贵血统）"（poca nobiltà di sangue）*，但他由皇帝康拉德三世册封为骑士，之后参加了对抗伊斯兰教的第二次十字军东征，并死在了耶路撒冷。但丁宣称自己的先祖参加过十字军，可能是为了洗清自己有个放高利贷的父亲这一污点。在《天国篇》中，卡洽圭达的幽灵称但丁为他的"骨血""后裔""枝干"，但丁很少如此执着于强调自己的家世。虽然但丁并非贵族成员，但他写作的口吻就好像自己是一名贵族。学者们从但丁对卡洽圭达的溢美之词中推断，诗人确实认为其父在某方面

★《天国篇》第十六章，第1行。

上页图

图中可看到圣约翰洗礼堂天花板上的马赛克镶嵌画的细节，此画名为《末日审判》（*The Last Judgement*），创作于13世纪。图中撒旦正在吞食3名罪人，毒蛇正从他的身体里钻出来。但丁对撒旦的描绘受到了此画的影响。

有所欠缺。令人恐惧的是，"暴露在光天化日之下"的高利贷者是不能作为基督徒下葬的。

　　但丁出生时，父亲阿利吉耶罗约45岁。但丁的母亲名为贝拉，于1270至1275年间某时在生产中去世，当时但丁还不到10岁。除此之外，我们对贝拉的生平几乎一无所知。但丁的父亲很快便再娶了另一名女子拉帕·德·齐雅丽希墨·齐雅路菲，随后诞下男女子嗣各一，女儿名为弗兰切斯卡，儿子叫葛塔诺。1266年，作为当地基督教教会入会仪式的一部分，但丁在八边形的圣约翰洗礼堂里受洗。这座洗礼堂是罗马式建筑，它的大理石柱子来自古罗马时期佛罗伦萨城的广场（今共和国广场）。教堂内部展示着佛罗伦萨各个年代最伟大的艺术家们的作品：马赛克镶嵌画、塑像、挂毯、银制祭坛、十字架还有圣物匣。教堂为纪念圣徒施洗约翰（St John the Baptist, "Giovanni"是"John"的意大利文拼法）而得名，他是佛罗伦萨的保护圣徒——圣马可是威尼斯的保护圣徒，而圣彼得则是罗马的。这座洗礼堂建于1019至1128年间，是佛罗伦萨城内最古老的宗教建筑之一，今天，它是那里最受人尊崇、最为神圣的地点。人们认为，圣约翰是耶稣基督降临前的最后一位希伯来先知。在但丁的时代，这位圣徒的圣遗物被保管在这座洗礼堂里，包括他的下颚以及两根手指，其中一根食指就是圣约翰称呼耶稣为"上帝的羔羊"时指向后者的那根。因此，佛罗伦萨是"施洗礼者（的城市）"。在但丁因

下页图
1493年《纽伦堡编年史》中佛罗伦萨城的示意图。该书属于早期的印刷书籍，也称古版书（incunabulum）。请注意图中防卫森严的城墙和阿尔诺河上的桥梁。

FLORENCIA

政治斗争被放逐期间，他将带着苦痛的渴求回忆起"美丽的圣约翰洗礼堂"。他希望有一天能在那里戴上诗人的桂冠，可这愿望从未实现。在洗礼堂的穹顶上有幅描绘三头恶魔吞噬罪人的马赛克镶嵌画，恶魔三张鲜血淋漓的大嘴各咬着一名罪人，而《地狱篇》末尾描述的撒旦也是这样一个流着口水、长有蝙蝠翅膀的食人魔王形象。

　　每年的 6 月 24 日是施洗者约翰的节日，在那一天，但丁的父亲会带他前往圣约翰洗礼堂做祷告。我们今日所知的圣母百花教堂其时尚未建造。文艺复兴时期之前的佛罗伦萨还未拥有乔托的钟塔、布鲁内列斯基的穹顶、美第奇宫、横跨阿尔诺河的老桥，以及安放着《圣经》中那位大卫的裸体大理石雕像的领主广场。但丁童年时的佛罗伦萨还是座中世纪城市，那里的后街弯弯曲曲，昏暗的街道上人群熙熙攘攘。因此，在《地狱篇》中，巧言奉承者被浸在一条灌满了人类排泄物的沟里（但丁很明确地指出，里面的东西不是动物粪便），这一场景借鉴自但丁时期佛罗伦萨的真实场景，就是城墙外一条污水横流、臭气熏天的阴沟。那时佛罗伦萨尚未成为"意大利的雅典"。直到 15 世纪末，希腊风格的建筑，以及由达·芬奇和米开朗琪罗建造的佛罗伦萨–多利安式样的建筑奇观，才开始在城中出现。要想了解但丁那时的佛罗伦萨是何等模样，现代人可以去附近的圣吉米尼亚诺看看。E. M. 福斯特的小说《天使不敢驻足的地方》(*Where Angels Fear to Tread*) 给这座被城墙围绕的托斯卡纳小镇带来了永恒的名声。此处还留有 17 座堡垒一般的塔楼，它们让该镇看上去仿佛飘浮在绿树和天空之间，炫耀着它的财富和权力。在《地狱篇》第三十一章中，但丁将一群耸立在地狱第九层的迷雾中的巨人误认为"许多高耸的碉楼"（molte alte torri）。这些黑暗碉楼令人望而生畏，事实上它们是撒旦的巨人守卫者，分别叫宁录、厄菲阿尔特斯、安泰俄斯。但丁时代的佛罗伦萨城中到处耸立着类似的高塔，它们高过房屋，当派系之间的斗争爆发时，可作为攻防战的工具。富有的托斯卡纳人是如此互相仇恨，以至于他们觉得有必要把住房修建在防卫森严的碉楼底部。他们就像今天高层商业小区的居民一样，俯视着穷苦百姓。

据但丁说，卡洽圭达时代的佛罗伦萨以其公民的自豪、正直以及贵族的彬彬有礼而著称。洗礼堂标志着一个内部联系紧密、辛勤劳作的城邦的边界。其时教皇和高阶神父还未用权力和金钱腐化整个意大利半岛。在《天国篇》中，卡洽圭达回忆起古时的佛罗伦萨（后来变得腐败不堪），称当时该城居民可谓"过着和平、简朴、贞洁的生活"（in pace, sobria e pudica）*；如同一名"端庄的主妇"，这座早已不复存在的城市并不穿戴"绣花裙子""俗艳的腰带"和"宝冠"†。城里的居民蔑视化妆品和珠宝。贵族们身着用简单的骨扣扣住的无袖兽皮上衣来回走动，有时也穿没有衬里的动物毛皮。女人永远"不施粉黛"，因此"充满美德"。她们满足于坐在纺纱杆前，或是照料自己的婴孩，就像优秀的家庭主妇应该做的那样。‡可这样的佛罗伦萨真的存在过吗？写作上述描述时（很可能在1313年，甚至更晚），但丁已经被放逐超过30年。诗人在此指的是一个不明确

---

* 《天国篇》第十五章，第99行。

† 《天国篇》第十五章，第100～102行。

‡ 这一系列描述均出自《天国篇》第十五章。

且早已逝去的远古年代，我们很容易想象思乡之情是如何激发了但丁的幻想。有人可能会反对说"思乡之情"（nostalgia）不在但丁的词汇表里（这个词直到1688年才被造出来），但这个说法确实很应景："思乡之情"一词来自古希腊语"归乡"（nostos）和"痛苦"（algos），意为"想回到家乡的痛苦渴望"。我们可以原谅但丁这位流放者的思乡之情，毕竟夸大其词是诗人的权利。正如一句托斯卡纳谚语："如果不添油加醋，故事就不够动听。"

但丁年代的佛罗伦萨是由教会和贸易行会共同统治的独立共和国。当时它是半岛上人口最稠密的城市之一，多达10万人，只有米兰、威尼斯和热那亚可与其媲美。贸易行会的组织方式类似微型共和国，每家都有自己的官员、委员会和纹章旗帜的举旗手。所谓的"大行会"（Arti Maggiori）的代表来自律师、银行家、医生、商人以及其他"专业人员"群体。他们掌握着城市实际的管辖权。共有6名大行会成员——佛罗伦萨每个行政区各一名——担任参议员或"行政官"（priors）。为了防止独裁统治的出现，行政官的任期仅有两个月。此外还有一名所谓的"正义的掌旗手"（gonfalconiere），他的职责是限制和平衡权力，以防滥用。"小行会"（Arti Minori）的代表来自手工艺人、小贩和羊毛工人群体。大小行会联合代表了"民众"——这里的"民众"并不具有现代民主制话语体系下"人民"的含义，而更接近于我们今天"中产阶级"的概念。在佛罗伦萨，"民众"与有权有势的古老家族或封建大贵族对抗，后两者被简称为"大人物"。不久之后，但丁就担任了行政官一职，但我们将会看到，他的政治抱负最终导致了他的失败和流放。

事实上，佛罗伦萨的共和国性质只是徒有虚名。当地相互对立的派系和家族比比皆是，操控了政治，各自党同伐异，将自己的权力扩张得如同君主一般。象征着封建制度的石制碉楼讲述着家族冲突以及其他为了利益明争暗斗的故事。托斯卡纳的城镇依家族裙带关系和"归属感"（cultura dell'appartenenza）而建，后者指一种从归属于某个群体的感觉中汲取力量的心理状态。佛罗伦萨的贵族成员有义务以暴力形式洗刷屈辱。"百年世仇让人如母亲怀抱中的婴儿那样年轻"，一则佛罗伦萨谚语如是说。复仇不仅是伸张正义的手段，还是维护个人荣誉的方式。在13世纪中晚期的佛罗伦萨，公开处刑司空见惯。但丁说他见过别人被绑在火刑柱上烧死，周围满是冷嘲热讽的群众。他在还只是个孩子的时候就目睹了火刑的场景。

　　很明显，中世纪文学作品很少谈到童年，但丁在作品中对自己的童年也所书甚少。我们猜测，但丁在大约6岁时开始接受正式教育。阿利吉耶里一家雇不起私人教师，因此但丁在13世纪70年代早期进入了一家教授语法（拉丁语语法）的市立学校。此外他还学习逻辑、修辞、数学、地理和音乐。在日后的学习中，但丁熟读古典作品，能够阅读奥维德、维吉尔、卢坎和西塞罗等罗马作家的作品。人们认为他最早使用的语法书是由4世纪的语法学家埃利乌斯·窦纳图斯所作的《论语法》（*Ars Grammatica*）。但丁后来将窦纳图斯的灵魂与其他饱学之士一同放在了《天国篇》中。*大部分教学都用佛罗伦萨方言进行。但丁日常所用的佛罗伦萨语言使他能够学会拉丁

---

*《天国篇》第十二章，第137行。

语（用他自己的话来说，"进入拉丁语"），并让他踏上了"求知的大道"。但丁肯定认识到了拉丁文教育的重要性，但年轻时接受的正式拉丁文教育几乎不足以让他读懂程式化的拉丁文法律文献。那时但丁应该已经掌握了拉丁文的基本词序并能够对其进行翻译，但能力大概也就如此。当然，后来在开始写作《新生》之前，他已经学习了拉丁语语法和音韵学，并对古典文学作品有了深刻理解，成了一名令人肃然起敬的学者。

* * *

佛罗伦萨是一座富饶的城市。"就像罗马一样，"巴杰罗宫（Palazzo del Bargello）一面墙上的一段1255年的铭文宣称道，"她永远旗开得胜。"然而，在金币玫瑰色的闪光下，隐藏着愈演愈烈的政治危机。意大利教皇政权和神圣罗马帝国之间长达数世纪的纷争给但丁的童年打上了印记。在佛罗伦萨，这一纷争表现为两大贵族派系，即贵尔弗党与吉伯林党之间的斗争。简而言之，贵尔弗党支持教皇，吉伯林党则站在神圣罗马帝国皇帝一边。两派都宣称意大利半岛上数不胜数的封建领主和城邦应对自己效忠，并尊皇帝为名义上的欧洲世俗权力之主，而教皇则为西方基督教世界的领袖。私人或家庭恩怨很容易扩大化，成为两党斗争的一部分。由于教皇和皇帝都无法从远方实施有效的控制，佛罗伦萨的街道就成了他们斗法的演武场。相同的情景也发生在佛罗伦萨和托斯卡纳的其他城市，比如锡耶纳、卢卡和皮斯托亚。在托斯卡纳，如果某座大城属于贵尔弗党，它周边的小城就很可能效忠于吉伯林党，不言自明，它们需要寻求远方势力的保护。或许那时佛罗伦萨的许多人，可能也包括年轻的但丁，对周围发生的一切不知所措，只知道两党争斗不息。在麦克斯·毕尔勃姆写于1919年的幽默故事《"萨伏那罗拉"·布朗》（"Savonarola" Brown）中，舞台上毫无缘由地频繁出现说明"贵尔弗党和吉伯林党打斗着入场"，片刻之后又有"贵尔弗党和吉伯林党离场，他们仍在打斗"的字样。

虽然贵尔弗党支持教皇，但他们的支持是有所保留的。当然，教皇理所应当拥有权力，但不能太多。当某地的人担心神圣罗马帝国皇帝的权力甚于教皇圣座时，此地就往往由贵尔弗党主导。贵尔弗党是新贵党派，成员包括银行家、商人，以及任何希望佛罗伦萨成为一个管制更为松散的共和国的人。相反，加入吉伯林党的则是那些在封建等级制度中获益的人，或是对附近不断扩张领土的教皇国家感到不安的人。

当然，在某些方面，上述区分标准会显得过于整齐划一。正如近期意大利历史所示，意大利政治有种不断细化的趋势。没过多久，贵尔弗党内部就出现了斗争，吉伯林党则出现了贵尔弗化的倾向。实际上，两党的身份特征都不稳定：商业、宗教和家族范围的纷争经常让看似黑白分明的党派界限变得模糊。此外，虽然在贵尔弗党的宣传中，吉伯林党信仰异端，但事实上，后者的大部分成员承认教会的宗教权威。他们反对的只是教皇插手世俗事务的行为，以及在南意大利建立一个法兰西王国来取代霍亨斯陶芬王朝（Hohenstaufen，即神圣罗马帝国）的企图。

根据官方记录，阿利吉耶里家族属于贵尔弗党，但他们不可能是其重要成员。在但丁出生5年前，即1260年，托斯卡纳的吉伯林党在锡耶纳附近的蒙塔培尔蒂击败了贵尔弗党。随后，所有贵尔弗党成员被逐出佛罗伦萨。获胜的吉伯林党曾威胁要将佛罗伦萨夷为平地，但后来只是摧毁了 100 座属于贵尔弗党的宫殿、600 座房屋以及 90 座碉楼。假如但丁的父亲被准许留在城中（他的房屋也免遭损毁），那也只是因为他社会地位低微，够不上流放的惩罚而已。不管怎么说，吉伯林党只掌控了佛罗伦萨 6 年。神圣罗马帝国皇帝腓特烈二世之子曼夫烈德是吉伯林党的铁杆支持者，他于 1266 年在意大利南部本尼凡托被安茹伯爵查理率军击败。借着流放中的佛罗伦萨贵尔弗党银行家提供的贷款，查理帮助贵尔弗党重夺佛罗伦萨政权，并对留在城里的吉伯林党分子施以报复。现在意大利整个南部和中部，以及西西里和托斯卡纳［查理在此受封为皇帝代表（imperial vicar）］都处在贵尔弗党的控制之下。

在但丁的整个童年时期，佛罗伦萨都由贵尔弗党统治，但这种统治实施得并不容易。但丁的家族通过赞助人的身份正确地站到了贵尔弗党一边。他们知道，想要击退共同的吉伯林党敌人而不被推翻，自己应该与家族的朋友，以及朋友的朋友保持同一战线。很少有政治、经济上的世仇包含了如此多的内斗。贵尔弗-吉伯林党争的记忆甚至仍在今天的意大利留存着。都灵画家兼医生卡洛·莱维（与普里莫·莱维并无亲缘关系）在他 1945 年的回忆录《基督停在恩波利》（*Christ Stopped at Eboli*）中追忆了自己在墨索里尼统治时期流亡的情景。他将意大利南部偏远地区加利亚诺的农民比作支持教会的贵尔弗党，把该地的乡绅比作支持封建世俗势力的吉伯林党。两派之间毫无和解的希望，永远争斗不息。

但丁的父亲靠从事金融工作带给家人较为舒适的生活。他与佛罗伦萨的商人、银行家族（包括佩鲁济家族和巴尔迪家族）建立了商业关系（用今天的意大利语来说，即"raccomandazioni"）。这些家族的生意遍布欧洲各地，从西西里到伦敦都有。14世纪初，佛罗伦萨的政治权力越发落入大银行家家族手中。银行业（banking，来自意大利语"banco"，意为"柜台"）在根本上起源于佛罗伦萨。但丁并不反对金钱。但在他日后看来，贪婪导致追求利益，最终导致欺诈。在某种程度上，他对银行家和商人的敌意被历史证实了。美第奇银行于1397年在佛罗伦萨建立，运作方式仿佛黑手党财团的原型，它不但拥有可随意支配的巨额财富，还将触手伸向了尼科洛·马基雅维利所称的"高层"（alti luoghi），在那里，各地有权阶级通过家族和婚姻的纽带紧密地结合在一起。明面上，这张人际关系网络可以减少欺诈行径，但它也意味着，一旦失信行为真的发生，它引发的背叛感会更加深刻，更易转变为个人恩怨。经历了兴衰起伏，佛罗伦萨的银行家阶级通过于1252年——但丁出生10多年前——开始流通的一种24克拉金币，积攒起数额堪比天文数字的财富。这种金币名为弗洛林（fiorino）。同佛罗伦萨一样，弗洛林得名于托斯卡纳俗语中"花"（fiore）一词。弗洛林价值几何？人们认为一枚弗洛林大致相当于今天的110英镑。在但丁的时代，一名奴隶少女或者一匹骡子的标价约为50枚弗洛林，约合5500英镑。

一枚弗洛林大概含3.53克纯金。硬币的一面是象征着佛罗伦萨的百合花，另一面则是施洗者圣约翰的形象。在市民领袖和商人银行家（往往是同一批人）的授意下，黄金将身为市民的荣誉感和宗教习俗合宜地融合了起来。1237年，佛罗伦萨设立了一家铸币厂，铸造了银制的弗洛林，在那之前，该城一直使用日渐衰落的神圣罗马帝国的德涅尔（denaro），但这种钱币已经贬值。弗洛林是那个年代的国际通用货币，地位如同今天的美元，英格兰人称它为"佛罗伦萨"。13世纪末期，弗洛林已经被广泛使用于欧洲各地的贸易中。这种钱币是用来进行严肃交易的。不可避免的是，在但丁时代的佛罗伦萨，将所有交易货币化以及将所有财富转化为金钱越发显得重要。这一切的最终结果会是什么样呢？一旦佛罗伦萨人可以操控弗洛林币，用它进行借贷，使其增长"繁殖"，他们能花在上帝身上的时间就远不如花在玛门*身上的多了。后来但丁写道，弗洛林是"被诅咒的花"（maladetto fiore）†。这花盛开在将利润置于道德之上的人中间。

1277年1月9日，但丁还不到12岁。那天他与一名叫作"杰玛"的女孩订立了婚约，她是窦那蒂银行家族的女儿，年龄应该比但丁还小。婚前的协商文件于2月9日在数名证人和一名公证员的见证下签署，其中规定，嫁妆为200枚小弗洛林（fiorini piccoli），比125枚金弗洛林的价值稍高一些，换算成今天的货币单位约为13750英镑。对当时佛罗伦萨的上层家族来说，这笔钱就算称不上巨额财产，也实属可观了。根据中世纪的婚俗，但丁的订婚仪式在新娘家而不在教堂进行。公证人以"神圣的三位一体，即圣父、圣子、圣灵，荣耀的圣母马利亚，以及全天国的名义"将两位新人结合在一起。这

---

* 玛门是《新约》中的贪婪之神，在《失乐园》中也有出现。《地狱篇》第七章中的普鲁托与其相似。

† 田译本作"万恶的弗洛林"。《天国篇》第九章，第130行。

份协商文件是记录但丁生平的最古老的文献之一。在中世纪晚期的意大利基督教社会中，儿童这样订立婚约并不罕见。婚约的目的是确保有一份可观的嫁妆，以提升家族的社会地位。其时但丁和杰玛尚未达到法定成年的年纪（男性14岁，女性12岁），还属于少年。虽然双方的家庭已经通过婚约订下了誓盟，但是，两人真正圆房还得在多年之后（1283至1285年间）。在但丁的年代，男性的平均结婚年龄为30岁，女子通常为15岁。

窦那蒂家族是佛罗伦萨贵尔弗党内的超级政治动物。他们通过客户、联系人和联姻组成的毛细血管般密集的网络获得了支配地位。大约8年之后，可能是1285年，但丁与杰玛正式结婚了。他们育有4名子女，分别是乔万尼、彼埃特罗、雅各波和安东尼娅，都出生在但丁被流放之前。对这些孩子我们所知甚少（安东尼娅后来成为一名修女，名为贝雅特丽齐）。正如但丁从未写过他的童年那样，他也未曾写到妻子和子女。我们所知的关于但丁的大部分信息都来自他的第一位传记作者乔万尼·薄伽丘。薄伽丘告诉我们，但丁哪怕到中年也都是一名"充满情欲"（lustful）的男子，可他从婚姻中得到的只是无尽的纷争。薄伽丘睿智地做出了如下结论：所有天才（filosofanti）倘若结婚，等待他们的就是这样的命运。事实上，但丁的婚姻很可能并不比其他人的更糟。他的妻子杰玛无法忍受但丁在幻想中倾心于另一个女人——她"如花朵般柔软"，具有一种异域的娇俏，令杰玛相形见绌。令人不可思议的是，这位女性早在1277年但丁订婚之前就已经进入了他的人生。

* * * * * *

但丁称她为贝雅特丽齐

假如我们相信但丁，那他与贝雅特丽齐的邂逅就是在1274年，当时他才9岁，她则8岁。但丁在《新生》里描述了这次会面[*]。这部作品完成于13世纪90年代中期，贝雅特丽齐去世之后。但丁初见她时，8岁的贝雅特丽齐如同"年幼的天使"，身穿"一件十分高雅的朱红色衣服"。朱红色代表了爱情与高贵，也象征着耶稣基督拯救世人的鲜血。她的肤色"几乎像珍珠一般洁白"（可但丁强调说，没有过分苍白，而是恰到好处）。她的双眼仿佛闪烁着亮光。在《炼狱篇》中，这双明眸被比喻为一对炽烈燃烧的"祖母绿"。贝雅特丽齐虔信宗教，据说，她十分崇敬圣母马利亚。她与但丁的会面使他陷于迷醉的狂喜中，这一事件将成为但丁青春岁月里决定性的一幕，只是他当时对此一无所知。

贝雅特丽齐的父亲是贵尔弗党银行家福尔科·波尔蒂纳里。他曾邀请但丁一家参加一场庆祝春日来临的聚会。波尔蒂纳里家族处于佛罗伦萨社会上层，他们耗费巨资用忍冬和山楂制作了花环和头冠。聚会时间定于5月1日，这对但丁来说是个好日子。5月是属于圣母马利亚的月份，在《新生》中，但丁在对贝雅特丽齐的描述中添加了圣母的特征，比如万物的复兴和自然的母性。从此书开篇起，诸如"奇迹般的"（meraviglia）、"奇迹"（miracolo）和"感到惊奇"（mirare）等词语就标志着贝雅特丽齐是名"神圣的受福者"，为人们带来祝福。这一头衔也与基督"我们的救主"（salus nostra）的身份相似。在但丁的著作中，基督只短暂地出现过（作为一名基督教

---

[*] 本书中对但丁《新生》的引用，如无特别注释，均来自钱鸿嘉译本，上海译文出版社，1993年1月第1版。

作家，他却差不多完全忽略了耶稣），而贝雅特丽齐代替耶稣穿上了代表救世主的斗篷。

在还是孩童的但丁心中，小贝雅特丽齐头戴5月繁花编成的花环，堪称完美。可能但丁在潜意识中已经明白，贝雅特丽齐日后会将他从痛苦中拯救出来。后来，在《神曲》中，但丁把他在道德进步上的全部希望寄托在这位施行奇迹的女性身上。实际上，全诗就是围绕如六翼天使一般净化万物的贝雅特丽齐写作的。她将把普通的爱转化为基督教对世人的爱。对爱怀疑的人而言，认为贝雅特丽齐早在但丁孩提时就对他产生了重大影响的说法纯属一派胡言。但丁只看了一眼她身着朱红色衣服的幻影就深陷爱河不能自拔了。显然，这种感情十分强烈，但丁的身体如患恶疾一般痉挛起来，他几乎死于爱情之手。

说真的，在那一瞬间，潜藏在我内心深处的生命精灵开始激烈地震颤，连身上最小的脉管也可怕地悸动起来，它哆哆嗦嗦地说了这些话："比我更强有力的神前来主宰我了。"（Ecce dues fortiori me, qui veniens dominabitur mihi.）*

但丁用拉丁文——这种严肃的语言显示出爱神成为主宰但丁的新权威——宣布贝雅特丽齐主宰了他的心。青春期最初的悸动也许是他发狂般抽搐的缘由。贝雅特丽齐一出生就导致但丁跌在地上，仿佛他"充满童稚的小小身体"被闪电击中了，但丁是这么说的，

★《新生》第2页。

可那时他还只是一个9个月大的婴儿，所以此事不太可信。后来，但丁声称贝雅特丽齐是他唯一的爱人："永远只赞美优雅的贝雅特丽齐。"这是他塑造的自我形象的一部分：他与众不同，是一位成长中的幻想诗人。

但丁在作品中多次提到贝雅特丽齐的名字（有时以缩写形式"贝齐"出现）。一开始，她是一名真实存在的女性，令但丁为爱痛苦呻吟、长叹不已。在那次春日会面之后，但丁又见过贝雅特丽齐几次，有时是碰巧致意，有时是交换眼神，最多也莫过于只言片语的交流而已。直到但丁18岁，他才和她有了较长的对话。这件事发生于1282年。当时贝雅特丽齐已经与贵族金融家西蒙奈·德·巴尔迪结婚，因此，她的社会地位要比但丁高得多，这可能使他心生妒忌。这次，贝雅特丽齐不再穿着朱红的衣衫，而穿了件天使般"雪白"的衣服。她与两位年长女子在佛罗伦萨城中散步。但丁和她交谈了几句，得到了一个微笑作为回报。受她投来这一瞥的鼓动，但丁开始创作充满感官愉悦的激情诗歌。诗歌占据了但丁的全部身心，他甚至无法感知任何危机，也就是说，爱情可能会夺走他的生机与活力。某天晚上，但丁注意到一个燃烧着火焰的身形在床边注视着他，投下灼热而令人难以忍受的影子。这个人物自称爱神，在梦境中拜访但丁。这位令人胆怯、周身燃着火焰的人物似乎将贝雅特丽齐拥在怀中，后者半身赤裸，似在梦乡。更糟的是，爱神还握着某种同样熊熊燃烧的东西，对但丁大声宣告："看看你的心吧。"（Vide cor tuum.）贝雅特丽齐醒来，显得十分欣喜，将那颗燃烧的心吃了下去。当然，这颗心属于但丁。爱神随后抱起贝雅特丽齐，一同升

E CUI SALUTA, FA TREMAR LO CORE

IL SALUT

《贝雅特丽齐的致意》(*Il salute di Beatrice*),由丹特·加布里埃尔·罗赛
蒂于1849至1850年间创作。这幅画描绘了《新生》和《炼狱篇》末尾的
两处场景,其中但丁的缪斯女神都是一位年轻的女性。

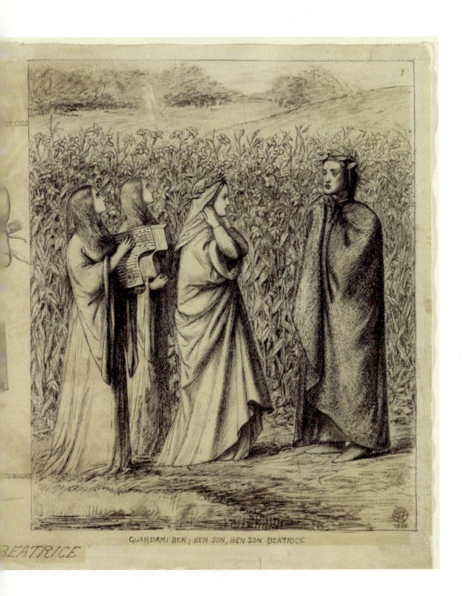

GUARDAMI BEN; BEN SON, BEN SON BEATRICE

BEATRICE

上了天国。这个梦境有何含义？为什么贝雅特丽齐也是这个恐怖场景的一部分？这个梦境并没有使但丁的思维更加清晰，反而使他陷入了深深的困惑，不久之后更令他绝望。W. B. 叶芝阅读由罗赛蒂翻译成英语的但丁诗歌后，也受到了但丁的影响，被这个心脏燃烧的场景深深震撼，为此写了一首诗《我是你的主宰》（*Ego Dominus Tuus*）。诗中的贝雅特丽齐是"令男子倾心的女子中最尊贵的一位"。

* * *

一段时间后，但丁再次见到了贝雅特丽齐。这次她坐在城中的一座教堂内，可能就是圣约翰洗礼堂。但丁再次为这位"最温文秀美"的女士倾倒，她令但丁心脏狂跳不止，变得苍白而虚弱。但丁试图掩藏起这种狂热而盲目的爱情，但流言蜚语传到了贝雅特丽齐耳中。两人再次见面时，贝雅特丽齐对这名爱着她的人施以了"公开处刑"。她冷漠的双眼故意避开但丁——这种冷落令但丁猝不及防，将他彻底打垮。他强装镇定逃回自己的屋中，倒在床上哭哭啼啼，"就像一个挨打的孩儿"。整个佛罗伦萨上流社会都注意到了他的心烦意乱、筋疲力尽和如幽灵般苍白的脸庞。（"瞧，那个女郎已把这条汉子弄得神魂颠倒了！"*）在一场婚宴上，贝雅特丽齐与其他女人一道嘲笑但丁，说他一看到贝雅特丽齐就显得虚弱不堪。"既然你在女郎身边时的神态显得那么可笑，那你为什么还想见她呢？"她们唱和道。但丁无力回答，贝雅特丽齐的态度让他再次瘫倒在床，

---

* 《新生》第9页。

哭泣不止。

在此之后，但丁每次看到贝雅特丽齐（"她赐福给所有人"），心中都会涌现出一种杂糅着狂喜与焦虑的情感。他得了相思病，病情有时还颇为严重，"痛苦的疾病"令他多日足不出户。或许这就是青春期的迷恋？是年轻人最为炽热的激情的表现？我们有充足的理由怀疑，但丁此时可能患有某种慢性病。前一刻他还行动如常，后一刻就只能卧病在床，仿佛醉酒一般。许多天才都得过类似的病，古人称之为"跌倒病"（癫痫）。在这串长长的患者名单中，有陀思妥耶夫斯基、格雷厄姆·格林、艾米丽·狄金森、爱德华·李尔和乔治·格什温，甚至圣女贞德也可能在内。癫痫患者常被认为与众不同，被难以捉摸、不可名状的痛苦折磨。往近了说，曼彻斯特新浪潮乐队"快乐小分队"（Joy Division）的成员伊恩·柯蒂斯也是癫痫患者。人们认为他抽动和痉挛的舞姿就是在模仿疾病发作时的情形（《她失控了》是该乐队对这种症状充满恐惧的赞歌。令人惊奇的是，这首歌没有被包括在他们于 1985 年在意大利非法发行的唱片《但丁的地狱篇》中）。如果不是因为但丁的大脑会反常地"燃烧"起来的话，还能有什么东西吸取了他的全部力量，使他惊愕而无助呢？

切萨雷·龙勃罗梭是犯罪人类学专家，曾于 19 世纪在都灵进行研究，他深信但丁患有癫痫。但丁的症状凶险无比、吞噬生命。最新给但丁立传的马可·桑塔加塔认为，虽然龙勃罗梭的理论事实上从未被学界接受，但是年轻时的但丁在见到贝雅特丽齐之后有时确实会表现出癫痫的症状。在《新生》中，但丁时常"面色苍白，浑身无力"，"如同瘫痪之人"一般"动弹不得"。但丁"暗淡苍白"的面色显示出他遭受了极大折磨。"我胸膛的左面部分剧烈地颤动起来。"但丁写道。"癫痫"（epilepsy）一词源于希腊语的"抓住"或"握住"。在中世纪的意大利，这种疾病常与黑魔法、魔鬼附体和死者作祟联系在一起。有一种普遍性的观点认为——由12世纪的神秘主义隐士、宾根的希尔德嘉德提出——恶魔通过"呼吸中的暗示力量"（flatu suggestionis suae）作用于易受其影响的人体。癫痫患者令自己和族人蒙羞。但桑塔加塔称，但丁不仅没有试图将他的症状与恶魔的影响撇清关系，反而还在《新生》中将它塑造为一种命中注定、令自己独一无二的事物。

但丁不仅自我迷恋，还富有创造力。在他那个时代的所有诗人中，但丁是唯一一个获得爱神痛苦赠礼的。我们无法判断但丁对创作目的的感知究竟是否建立在真实的癫痫发作基础上。尽管但丁由于症状发作感到精疲力竭，但是他认为自己从中受到了无上的祝福。但丁在《地狱篇》第二十四章中见证了一场与他的遭遇类似的身心危机。在这里，贵尔弗党的低层黑帮打手万尼·符契先是被一条蛇的毒牙咬中，化为灰烬，然后又恢复成人形：

如同一个人跌倒了，他不知道是怎么跌倒的：是魔鬼的力量把他拉倒在地，还是其他闭塞使人失去知觉，当他站起来时，他定睛四顾，因为受了极大的痛苦，所以完全陷入迷茫状态，一面张望，一面叹息。那罪人站起来后，也是这样。

但丁使用的"闭塞"一词原文是源自拉丁文的术语"oppilazion"，此外它还有"阻塞"和"诱捕"之意。从中可见，但丁似乎对这个中世纪的医学术语较为熟悉。这个词指的是过多的体液堵住或"闭塞"了大脑，从而导致癫痫。每当爱情"袭来"时，他都会昏倒，这一点在《地狱篇》第五章中尤其应景。这一章主要记述的是弗兰切斯卡对保罗的爱。在听闻两人的事迹之后，但丁"像死尸一般倒下了"（e caddi come corpo morto cade）。

* * *

但丁那个年代的佛罗伦萨没有大学。宗教机构，尤其是托钵修会，在教育中扮演了重要角色。但丁很可能参与过在圣塔玛利亚诺维拉和圣塔克罗齐修会举行的公共辩论（这种辩论被称为"quodlibetal"，字面意思为"不管怎样"）。在这些辩论中，佛罗伦萨市民被邀请前来就神学和哲学上的一些细枝末节咨询多明我派和方济各派的修士们（但丁的同代人关于原罪特征的一系列问题的清单留存至今）。在类似的经院哲学辩论中，人们讨论的是半哲学范畴的知识论、时间的特性和语言的作用等问题，它们培养了但丁思辨的习惯。但丁最重要的平信徒导师勃鲁内托·拉蒂尼是名死硬派贵尔弗党公证人。他是中世纪首批提倡回归古希腊罗马文化的人之一，为日后的文艺复兴运动奠定了基石。对拉蒂尼授课的具体情况我们所知甚少。他是在家，还是在公共场所授课？但他确实对但丁造成了长久而富于启迪性的影响。拉蒂尼比但丁年长45岁，是位著名的政治家、公共演说家。他支持推广拉丁语演说家西塞罗的作品，并教会了但丁拉丁语散文修辞的基础知识。出于仅为但丁本人所知的理由，拉蒂尼身处《地狱篇》中的第七层地狱——这一层属于"对自然犯罪之人"，其中包括同性恋者。在烟熏火燎、充满焦味的空气中，拉蒂尼的外表虽然悲惨，但还是古怪地保持了尊严。他被投入地狱不得翻身，却仍然自豪地回忆着自己作为一名文人学者的往昔岁月。

另一位影响了青年但丁的人物是贵族诗人圭多·卡瓦尔堪提。同但丁一样，卡瓦尔堪提也属于贵尔弗党一系。埃兹拉·庞德崇拜卡瓦尔堪提，后者的方言诗歌含蓄而富有哲思，时常显得诙谐幽默。这种诗歌与普罗旺斯的吟游诗歌传统有些渊源。卡瓦尔堪提是名阿威罗伊主义者（我们今日所说的无神论者）。他用清澈的语言将爱情比作一种恶疾——提升灵魂，却使肉体毁灭。在骑士们一边踏上前往耶路撒冷的朝圣之旅，一边思念着留在故乡的女眷之时，描写英勇骑士及其理想爱情的吟游诗歌已在欧洲宫廷流行开来。卡瓦尔堪提了解来自 12 世纪朗格多克地区的前辈诗人，但他的诗歌比吟游诗人们的诗歌更具有学术性。事实上，他在诗歌中拒绝使用普罗旺斯宫廷诗歌的封闭形式（trobar clus）*；卡瓦尔堪提谈论最令人焦虑不安的情感经历时，使用的是复杂的节拍、不连贯的句法以及刺耳的发音。卡瓦尔堪提可能算不上建立了一个诗歌流派，但在《神曲》中，但丁称赞卡瓦尔堪提的诗歌是"温柔的新体"（dolce stil novo，字面含义为"甜美的新体"）†，因其优美的声调和精致的用词，这一学派可能只在但丁的幻想中（以及他充满个人偏见的文学史观中）存在。在过去 30 年间，学者们倾向于把它排除在文学史外。有可能但丁编造出"温柔的新体"一词的目的在于把开创诗歌新流派的功

★　这种形式使用复杂而精巧的音韵，为了押韵，诗人选词时比起词义更为看重发音。

†　《炼狱篇》第二十四章，第 57 行。

劳归于自己。然而，既然今天我们沿用了"温柔的新体"这一称呼，就显示出但丁作为作者和文学批评家的极大影响力（此外，在古意大利语中，"dolce"的词义比我们今天所说的"甜"要强得多，而且完全没有"甜得令人发腻"或者"故作多情"等含义）。

大致从13世纪80年代早期到90年代中期之间，但丁作为方言诗人的职业生涯与较年长的佛罗伦萨诗人卡瓦尔堪提所树立的榜样是分不开的。但丁把《新生》献给了卡瓦尔堪提，后者以后还会成为但丁"最好的朋友"。T. S. 艾略特在1925年给埃兹拉·庞德的信中沿用了这一亲密称呼，在信中，艾略特称呼庞德这位较为年长的诗人为"我最好的朋友"（mio primo amico）。

卡瓦尔堪提以及其他人的"新体"（stilnovist）诗歌根植于中世纪晚期的意大利，当时皇帝兼国王腓特烈二世担任了一群宫廷诗人的赞助人。约1233年起，这批诗人开始用一种新的文学语言，即西西里方言创作传统的普罗旺斯吟游诗歌。这种方言与今日的西西里方言类似，意大利语由此首先在西西里成为一门文学语言，许多西西里人为此感到骄傲。西西里诗人使用的语言是罗曼语族诸多方言中的一种，它成了但丁在发展托斯卡纳方言时的参考对象。但丁青年时代的所有意大利语诗歌都属于"西西里"诗歌，其起源、特质和表达方式，若非来自西西里本岛，也至少属于意大利南部地区。学者们关于萨拉森*诗歌对当时的意大利诗歌的影响争论不休。阿拉伯人在9世纪入侵西西里，在岛上留下了清真寺和有着粉色圆顶的建

---

* 泛指中世纪的阿拉伯人。

GVIDO CAVA CANT

筑，以及数千首由西西里－阿拉伯诗人兼颂词作者们创作的诗歌，其中包括伟大的伊本·哈姆迪斯的作品。腓特烈二世曾于1220至1250年将宫廷设在西西里的首府巴勒莫，该城与富贵安逸的前文艺复兴阶段的佛罗伦萨距离遥远。当来自突尼斯的西洛哥风*将带着沙尘的炎热空气吹向巴勒莫时，人们靠茉莉花味的冰块与果汁冰糕消暑。阿拉伯人将果汁冰糕的配方带到了这片地中海地区——茉莉花显然是萨拉森地区的特色。西西里方言诗人，比如贾科莫·达·伦蒂尼、丘罗·德·阿尔卡莫与里纳尔多·德·阿奎诺（但丁的作品中提到了他们三个），仅为腓特烈二世的宫廷中那批听众写作，只有有教养（当然还要有时间）的西西里人才能够欣赏这些诗人做作而抒发好古情怀的作品。丹特·加布里埃尔·罗赛蒂翻译了这批诗人的部分诗歌，并将它们纳入了《早期意大利诗人：从丘罗·德·阿尔卡莫到但丁·阿利吉耶里》（ *The Early Italian Poets from Ciullo d'Alcamo to Dante Alighieri* ）一书中，于1861年出版。该书可谓拉斐尔前派文学创作的高峰之一。西西里诗歌深受阿拉伯文化长达两个半世纪的影响：德·阿尔卡莫与其同侪热衷于驯鹰、国际象棋、跳棋以及双陆等娱乐活动。他们诗歌中的意象包括椰枣树、回廊、戴着头巾的贵族、金色的秀发、香薰的玫瑰、苏丹、宣礼塔、侍妾、用扎吉勒诗体（Zajal）与穆瓦什沙诗体（Muwashshah）写作的歌谣，以及其他用阿拉伯鲁特琴和手鼓演奏的音乐。如罗赛蒂在一条脚注中所说，

---

*　从利比亚沙漠吹向地中海北岸的热风。

但丁的诗人朋友（日后成了他的仇敌）
圭多·卡瓦尔堪提的油画肖像，由博洛尼亚艺术家
安东尼奥·玛利亚·克雷斯皮于17世纪早期创作。

阿尔卡莫的阿拉伯文名字源自巴勒莫郊外的同名小镇，该镇有一座阿拉伯人的要塞。

诺曼人于11世纪将阿拉伯人驱离西西里，在那之前，据我们所知，曾有超过170名西西里–阿拉伯诗人在岛上活跃。他们的诗歌理所当然地吸引了首批意大利吟游诗人，成为后者借鉴的模式，这批吟游诗人日后又影响了但丁。伊本·哈姆迪斯是最伟大的西西里–阿拉伯诗人，他曾参与对诺曼人侵者的反击，后来又移居到了塞维利亚。在阿尔卡莫对嘶音与头韵的使用方式（"气味甜美的新鲜红色玫瑰"），以及在他于心爱女子的面容中探查到一丝月亮的痕迹这一主题中，学者们寻找到了具有哈姆迪斯风格的阿拉伯式声响特征，以及来自伊斯兰抒情诗传统的元素。阿尔卡莫的很多诗歌读起来如同《一千零一夜》的早期篇章，并在但丁的诗作中留下了痕迹。

通过西西里诗人，但丁对宫廷爱情［又称典雅爱情（fin amor）］诗歌有所了解。这种诗歌谈论的主题之一是禁忌的浪漫之爱，诗中被理想化的女主角与男主角相距甚远，后者炽热的激情无从宣泄。后来，在《地狱篇》第十章中，但丁将皇帝兼国王腓特烈二世投入惩罚异端的燃烧墓地中。*但是，在但丁诗人生涯的早期，他将腓特烈二世称颂为骑士美德的典范。腓特烈二世是超越了时代的文艺复兴时期的君主，他写过一本关于阿拉伯驯鹰艺术的手册，并命人将伟大的阿拉伯哲学家、亚里士多德的阐释者阿威罗厄斯的著作译成拉丁文。腓特烈二世还是一位诗人。

———————————

★ 事实上，腓特烈二世身处地狱的原因是他信仰伊壁鸠鲁派，否定灵魂不死。

普罗旺斯风格对"西西里诗派"可谓影响深远，据称但丁甚至考虑过用西西里–普罗旺斯方言而不是托斯卡纳方言创作《神曲》。西西里方言诗人们发明了意大利诗歌中最重要的两种体裁：一种是雅歌（canzone，来自普罗旺斯语"canso"），这种诗歌适合用音乐伴奏；另一种是十四行诗（sonnet），有严格的韵律要求。奇特的是，弥尔顿和莎士比亚写的十四行诗虽然"起源"于西西里这座小岛，很多意大利人却认为西西里——欧洲的地理边界在此结束——笼罩在来自非洲的黑暗之中（意大利北部至今还流传着这样一个没品位的笑话：西西里是唯一一个没和以色列打仗的阿拉伯地区）。腓特烈二世于1250年去世，西西里的新诗随之迁移到了意大利本土，首先到达意大利北部，随后向南来到托斯卡纳，在但丁开始写作时，这种诗歌体裁已经在当地打下了坚实的基础。不可避免的是，在新诗的传播过程中，它失去了部分原有的活力，以及少许萨拉森的异域风情。

　　在西西里诗派的托斯卡纳学徒中，最著名的当数圭托内·达·阿雷佐，他以高超的修辞、机智的谈话以及在韵律方面的炫技闻名。但丁最早的几首爱情抒情诗带有混合了争斗与打趣的文学特色，很明显是受到了托斯卡纳–普罗旺斯诗歌的影响。在阿雷佐创作的抒情诗所描写的宫廷文化中，荣耀和高贵就是一切。就连他的政治诗《啊，天哪！》（Ahi, lasso！创作于1260年，佛罗伦萨贵尔弗党在蒙塔培尔蒂失利之后）中，阿雷佐似乎也将文体上的炫技置于抒发情感之上（啊，天哪！这么多的苦难还得熬多久？）。很快，但丁就会起来反对阿雷佐的诗歌，因为后者过于浮夸。早在但丁未满20岁之时，他已经树立了伟大志向，决心改变意大利语，使它可以用来创作更为崇高而严肃的诗歌。

但丁在博洛尼亚诗人圭多·圭尼采里那里找到了他寻求的严肃元素。对但丁来说，圭尼采里是一名写作方言爱情诗的"智者"（il saggio）。圭尼采里的名诗《爱情总寄托在高贵的心中》（*Love always comes to the noble heart*，原名为 *Al cor gentil*）被认为是"温柔的新体"运动的奠基之作。这首雅歌赞美高贵的心灵——只有高贵之人才能真正去爱——但丁在他后来的散文作品中也探索了这一主题。圭尼采里在这首诗中将珍爱的女子描绘成天使，她为众人带去祝福，爱情则是一股超然的力量。这种题材不算新颖，但是圭尼采里对爱情心理学的分析与此前所有诗歌都不同。这种叫作爱情的东西究竟是什么？这个永恒燃烧着的问题的答案令佛罗伦萨年轻的新体诗人们孜孜以求，很快但丁也将成为他们中的一员。

后来的新体诗人们，比如卡瓦尔堪提，从圭尼采里处继承的不仅是无休止的心理学上的探索，还有用语上的极致清晰——埃兹拉·庞德在他1912年关于卡瓦尔堪提的伟大论文中称这种明晰的诗为"中世纪的干净诗行"。卡瓦尔堪提伟大的诗作《一位女士问我》（*Donna me prega*）用托斯卡纳方言写就，对但丁造成了深刻的影响。在一系列精心写就、隐晦幽默的诗行中，卡瓦尔堪提思考着爱情那具有毁灭性激情的一面——这种感情令受了情伤的追求者失去理智。爱情令人受伤。一旦你去爱的话，就注定会痛苦一生，甚至精神错乱。埃兹拉·庞德对该诗的翻译颇具古风，在那个版本中，爱情是一场"事故"，它不受控制，造成了毁灭性的后果。

由于一位女士问我，我将讲述

一种频繁来访的情感，它残忍无比

骄横跋扈：其名唤作爱情。

那么，爱情究竟为何？对卡瓦尔堪提来说，爱情带来的只是盲目和忧郁而已。但丁在《新生》中为此问题交上了他自己的答卷：爱情即贝雅特丽齐。

* * *

1286年，雄心勃勃的但丁将一首十四行诗在佛罗伦萨的顶尖新体诗人圈子里传播开来。诗的内容是他梦到贝雅特丽齐吃下了一颗燃烧的心。在印刷技术推广开之前，书籍稀少而昂贵，因此出版常常通过手稿的传播实现。当时但丁还不满21岁，诗中的修辞手法时常显得笨拙，对陷入爱情之人的希冀与恐惧的描写也显得陈腐而繁冗。《爱神在我面前显得十分欣喜》*一诗那过分夸张的序言，以及诗中所描写的令人身体扭曲的剧烈痛苦，都体现出阿雷佐的影响。大部分收到这首诗的佛罗伦萨诗人都表示读不懂它（其中一名读者是位医生，他给"傻朋友"但丁开出了方子：用冷水冲洗睾丸，让自己冷静一下）。然而卡瓦尔堪提读懂了，并很快用自己的一首十四行诗做出了回应。在那心脏燃烧的景象中，"我认为你见到了所有的善"：贝雅特丽齐吃下了那颗心，象征着但丁整段人生注定要沉醉在对她的爱中。在中世纪文学作品中，心脏是爱情居住的寓所，是人体生理上的中心。伴随着

★ 《新生》第7页。

卡瓦尔堪提的称颂，但丁作为佛罗伦萨方言诗人的职业生涯开始了。自那时起，他的所有作品都不容忽视。他尝试写作了越发精巧的十四行诗和雅歌，这些诗歌抒发了悲伤的、卡瓦尔堪提式的由爱情引发的痛苦之情。他和卡瓦尔堪提开始交换关于爱情的诗作，其中有些饱含少年稚气。诗人彼得·修斯在他2017年创造性的诗集《卡瓦尔堪第》（*Cavalcanty*，该拼法是故意为之）中，重新阐释了这样一首诗：

> 嘿，但茨——希望你不要在派对上太疯狂
>
> 我想着把这些诗送给你
>
> 诗里我的心被放进了榨汁机
>
> 正在此时，爱神如同死神一般把门砸倒
>
> 大喊着："停下——别犯傻了！"

但丁相思成疾，痛苦不堪，懊恼无比。有一天，他在佛罗伦萨散步，决定在一首关于贝雅特丽齐的诗中向"深深懂得爱情的女人们"（Donne ch'avete intelletto d'amore）*倾诉。这首诗是但丁作家生涯里的一座里程碑，也是欧洲爱情抒情诗中的巅峰之作。但丁在诗中选择了向女性诉说，而没有让男性当听众，这意味着此时的他已经开始不仅仅把女性看作美丽的肉体。在他的心目中，爱情和方言诗歌密不可分，因此"可爱的女人和姑娘"†应当可以阅读并理解这首诗。诗歌的主题是赞美贝雅特丽齐，它开创了一种温柔的诗歌新体，其中爱情将全人类包含在内，而不仅限于一名害了相思病的追求者。当代纽约诗人安

★ 《新生》第42页。

† 《新生》第43页。

德鲁·弗里萨迪将该诗开端数行做了如下翻译：

> 深深懂得爱情的女人们哟，
>
> 我要同你们谈谈我的心上人，
>
> 我并不想把赞美她的话说尽，
>
> 说一下只是让我的心头轻松。
>
> 当我想到她的好处时，我说，
>
> 爱神在我面前显得多么温存，
>
> 如果那时我还没有把勇气失尽，
>
> 就能用说话使人们堕入情网中。*

但丁无比自豪，将这首诗放在了《新生》的正中位置，又在25年后，在《炼狱篇》第二十四章中引用了该诗的第一行作为"温柔的新体"诗歌的一个优秀例证（但丁自己是这么认为的）。这首诗令但丁在佛罗伦萨声名远扬。

* * *

在这个但丁沉迷于写作以贝雅特丽齐为主题的诗歌的伟大时期，政治事件干扰了他的创作。1289年，受过马术和长枪格斗技术训练的但丁时年24岁，在这一年，他作为佛罗伦萨军队骑兵先锋的一员，参与了对抗吉伯林党的坎帕尔迪诺之战。这场战役标志着一场漫长而残酷的战争的终结。早些时候，但丁在佛罗伦萨已经目睹了吉伯

★　此处仍沿用钱鸿嘉译本。

林党领袖法利那塔·德·乌伯尔蒂的死后审判（法利那塔于1264年去世）。法庭判处法利那塔为异端分子，他的遗体被从坟墓里挖出来，随后在一场仪式中火化。这并不是法利那塔的终结。20年后，在《地狱篇》中，法利那塔在但丁的眼前，从一座开口的坟墓中复活。在地狱中，吉伯林党和贵尔弗党被紧紧地锁在一起，被惩罚异端的熊熊烈焰团团包围：

> 我已经把目光对准他的目光；
> 只见他昂首挺胸直立，
> 似乎对地狱极为蔑视。*

贵尔弗党赢得坎帕尔迪诺之战后就掌控了整个佛罗伦萨。不幸的是，他们很快就分裂成两个新的派系：黑党和白党。名义上，黑党更维护旧贵族的利益，白党则站在崛起的商人阶级一方。原先那种支持教皇的贵尔弗党与支持皇帝的吉伯林党之间的意识形态对立已经消失。新的黑白两党之争，主要动机是权力与金钱，既酷烈又愚昧。很快，佛罗伦萨几乎所有的贵族和平民家族都分裂了。谢默斯·希尼在诗集《苦路岛》(Station Island) 中，将北爱尔兰可悲的政治图景［信仰新教的"橙色老顽固"(Orange bigots) 对抗信仰天主教的"嘴硬老顽固"(hard-mouthed bigots)］比作贵尔弗党内部，以及贵尔弗党与吉伯林党之间那无法平息的憎恨。"从墓穴中复活的

---

* 《地狱篇》第十章，第34～36行。

在《地狱篇》第十章中，法利那塔·德·乌伯尔蒂从他所在的坟墓里升起来。在这幅由古斯塔夫·多雷创作的插画中，但丁和维吉尔正在燃烧着异端宗教分子的坟墓间行走。

法利那塔就像伊恩·佩斯里那样。"希尼这位北爱尔兰诗人是这么评价后者这名保皇党传道士兼政治家的。

虽然但丁的妻子杰玛·窦那蒂是贵尔弗黑党的领袖寇尔索·窦那蒂的亲戚，可但丁支持的却是白党。在他父亲于1283年去世后不久，但丁和杰玛结了婚。他们的四名子女在黑党治下历经磨难，但丁本人也被放逐。但丁的一生毁于妻子的家族，但他还是没把寇尔索·窦那蒂直接投入地狱。新体诗人浮雷塞·窦那蒂是寇尔索的兄弟，他如此描述了寇尔索悲惨的死亡：他被拴于一头牲口的尾巴上，拖进了地狱。*

* * *

但丁的世界崩塌了。1290年6月8日，即坎帕尔迪诺之战一年后，贝雅特丽齐去世，年仅24岁。但丁失去了所有的活力，行将就木。他的双眼饱含苦涩的热泪，望向天国，看到一大群天使高唱着"贺三纳于至高之天"（Hosanna in excelsis，《马尔谷福音》11：10）回归天堂。†"贺三纳于至高之天"曾标志着胜利的基督进入耶路撒冷，在此处，这句话的含义是贝雅特丽齐进入了天国的耶路撒冷。奇怪的是，但丁突然成了鳏夫，可这名女子却从未当过他的妻子。但丁一言不发、哆哆嗦嗦、不修边幅、形销骨立，在佛罗伦萨城中哭泣不已，甚至考虑过结束自己的生命。为爱痴狂的但丁无时无刻不在哭号、叹息，生命似乎正在离他而去。但丁那群新体诗人朋友，

★ 《炼狱篇》第二十四章。

† 事实上，在《新生》中，贝雅特丽齐尚未去世，但丁只是在重病中幻想她去世的场景而已。

包括卡瓦尔堪提，都受够了他那些不自然，甚至可以说是不雅的呻吟和悲伤。他们的抱怨毫无作用，只要有人用同情的眼光看上但丁一眼，他就又开始哭泣了。薄伽丘写道："他的双眼仿佛涌泉一般，人们很好奇那么多眼泪到底是从哪儿来的。"后来有一天但丁见到了一位女子，即著名的"贤淑的女郎"（donna gentile）*，她透过一扇窗户望向但丁，双眼似乎饱含着对但丁的同情和怜惜。†她是否在引诱但丁坠入爱河？这种能让他远离忧愁的召唤十分诱人，但丁的心在此畏缩不前。维多利亚时代多愁善感的学者们倾向于将窗边的女郎想象为杰玛，但她真的能取代贝雅特丽齐在但丁心中的地位吗？但丁为她写过十四行诗，后来又谴责自己背叛了对贝雅特丽齐的记忆。但丁的一名诗人朋友奇诺·达·皮斯托亚给他寄来了一首表达同情的雅歌。奇诺就是埃兹拉·庞德戏剧独白诗《奇诺》的叙述者，他耐心地向但丁解释，人生充满了苦难，只能在死亡中解脱：

> 我们清楚地知道，在这个盲目的世界中，
>
> 哀伤和痛苦是每个人的食粮，
>
> 但是放宽心吧：贝雅特丽齐已经前往高处的幸福之境。
>
> 你且看清她正生活在快乐之中，
>
> 这名可爱的女士头戴冠冕，身处天堂，
>
> 她将为你带来进入天国的希望。

《关于贝雅特丽齐·波尔蒂纳里之死》（罗赛蒂将它翻译成了类似

于伊丽莎白时代的风格，在维多利亚时代中期的英国非常流行）可能帮助但丁为哀痛画上了句号。但丁与神秘的窗边女子——基本上不会是杰玛——的风流韵事，将会转化成《神曲》中那种更加令人炫目的爱。但丁的爱人贝雅特丽齐将会超越衰老和死亡。她将和但丁同呼吸、共命运。如果那时但丁与杰玛·窦那蒂结婚真的已经有7年之久（很有可能是这样），那么如此一个动辄思念其他女人并为之哭泣的丈夫肯定让杰玛恼怒不已。

* * * * * *

"新生由此开始"

《新生》源于但丁和卡瓦尔堪提的友谊，它不仅是一部论诗歌艺术的著作，还是一部宗教寓言。在卡瓦尔堪提的建议下，但丁用佛罗伦萨方言完成了这部"小书"。该书包含但丁从1283年到1292年创作的31首早期爱情诗，是中世纪晚期最古怪的方言作品之一，充满了谜团、幻觉般的梦境以及神秘的数字符号。但丁的每一部作品都可谓先驱之作，《新生》这部里程碑式的带有神圣色彩的自传也不例外。也许鲍勃·迪伦1974年的歌曲《心乱如麻》（*Tangled Up in Blue*）中提到的那部13世纪"意大利诗人"的"诗集"就是《新生》吧。

1293年，贝雅特丽齐已经过世3年，但丁的父亲也过世10年了。但丁在试图理解人类丧失亲人的痛苦时，重新构建了过去。在贝雅特丽齐去世后不久，但丁的脑海中就有了全书的清晰结构：《新生》是一部混合了散文与诗歌的作品（prosimetrum），这一模式由中世纪哲学家波爱修斯用拉丁文写就的《哲学的慰藉》（*The Consolation of Philosophy*）发扬光大，这本书为饱受痛苦的但丁带去了慰藉。作为一部宗教回忆录，《新生》还受到了圣奥古斯丁创作于4世纪的《忏悔录》（*Confessions*）的影响：同奥古斯丁一样，但丁在重写过去时，试图找到离开由往昔错误构成的"幽暗森林"的途径。

西方文学史上第一次出现了一部由作者自己选篇并点评的诗集。奇怪的是，《新生》虽然以但丁的经历为题材，但其中并无多少个人色彩，也没有描述性的细节和空间感。佛罗伦萨的名字从未被提起，尽管由贵尔弗党主导的银行业大发展即将把托斯卡纳的首府从一座阿尔诺河畔的中世纪城市变成一台生产无尽财富的发动机，以及一

这幅但丁的肖像取自卢卡·西诺雷利于 1499 至 1504 年间完成
的湿壁画，当时正是意大利文艺复兴运动的巅峰时期。这幅画
藏于意大利奥尔维耶托大教堂中。

座由商业巨头赞助的光辉灿烂的艺术之城。

公平地说，没有人像但丁那样严肃对待《新生》。但丁对自己诗歌的散文体评论与诗歌本体有几分格格不入，且充满学究气。此外，这些评论有时读起来显得自鸣得意，令人厌烦，从以下例子可见一斑："这首十四行诗可分为两部分：第一部分是说爱神的潜能；第二部分是说爱神的潜能转化成了实际行动。"*薄伽丘认为这种真诚而严肃的自我肯定"既无用且无趣"，他不是唯一持这种观点的人。伊塔洛·斯韦沃是一名伟大的的里雅斯特作家（还是詹姆斯·乔伊斯的学生），他在1923年的小说《泽诺的意识》（*Zeno's Conscience*）中戏仿了这种语气。在这部作品中，一名的里雅斯特商人努力戒烟，却以失败告终（在停止买烟这件事上，泽诺一再推迟的行为被描述得如同希望皈依宗教一般）。

《新生》中的诗歌大体符合吟游诗人的创作主题，描写了未曾得到回报的爱情和为爱人身份保密的责任。一旦贝雅特丽齐在场，但丁就感到无法遏制的狂喜，当他被她嘲弄时，诗人又会体会到饱受屈辱的痛苦。这种喜悦和痛苦将《新生》和西西里诗派的作品以及卡瓦尔堪提所构想的爱情的戏剧性联系起来，就连但丁使用的词汇也带有卡瓦尔堪提的风格。然而，随着作品的进展，但丁开始思考占有欲的本质：如果爱情不是自利的，那它又是什么呢？罗兰·巴特在《恋人絮语》（*A Lover's Discourse*）中也提出了同样的问题。当我们陷入爱情时，我们使用的语言并不是我们说的语言，巴特如是

★《新生》第50页。

说。因为在爱情中，我们是在对自己以及想象中的爱人诉说：这是属于独处状态的语言，是神话的语言。在贝雅特丽齐身上，但丁瞥见了神圣之爱的印记。贝雅特丽齐那圣徒般的光环，甚至可以说彻底驳倒了卡瓦尔堪提那种将爱视为精神错乱与痛苦之源的幻灭观点。相较之下，卡瓦尔堪提的观点显得过于狭隘了。但丁的目的是创作一种"赞美的文体"（stilo de la loda）*，以此表明"新生"这一标题蕴含的深意：生命依靠爱情而重生。相应地，这部作品记录的是但丁的成长之旅，即脱离达·伦蒂尼、德·阿尔卡莫与德·阿奎诺所代表的西西里方言诗歌的影响，并发现一种以赞美为目的，表达诗人内心狂喜的新诗歌。在这种诗歌中，几乎没有卡瓦尔堪提那种给人带来痛苦的爱情的容身之处。

在《新生》的结尾处，如同奇迹一般，贝雅特丽齐代表了一种超越她的尘世自我的存在。她成为天国的子民、美德的化身，就连天国中的圣徒们也对她大声赞美。但丁表示，他的爱一直由"理性的建议"主宰，而不被非理性或负面的力量左右，这很明显地驳斥了卡瓦尔堪提的观点。但丁希望，他的新诗能吸引所有人，而不仅仅局限于一小部分有"优雅的心"的贵族行家听众。《神曲》就是他为此交上的答卷。

但丁描述贝雅特丽齐带给他的神奇影响的文字可谓意大利早期散文的伟大片段之一：

　　我不再有仇敌；爱的火焰战胜了我，令我原谅了所有冒犯我的

---

* 《新生》第77页。

人；不管别人问我什么，我的回答只会是"爱"而已……因此，我的幸福很明显来源于她的问候，我在她面前无力抵挡。

这种宁静而喜悦的感情并不存在于但丁早年对那位"贤淑的女郎"的颂歌中，而是来源于所谓的"贝雅特丽齐福音"。但丁成了贝雅特丽齐的传道者，呼唤人们前来见证他诉说的真理，传播贝雅特丽齐那神授的令人革新的力量。但丁在他著名的十四行诗《我的女郎是多么温柔，多么谦逊》（*Tanto gentile e tanto onesta pare*）中强调了贝雅特丽齐那遍及众人的影响力。爱情曾经是痛苦的源头，令人头晕目眩、战战兢兢，但它已变成甜蜜的源泉。这首诗创作于1290年，描写了巅峰时期的贝雅特丽齐。她漫步于佛罗伦萨的大街小巷之间，"深深打动人们的心"。*巴西诗人维尼齐乌斯·德·莫雷斯为波萨诺瓦歌曲《依帕内玛女孩》（*The Girl From Ipanema*）作词时，肯定也在想着这样的贝雅特丽齐。这首歌有慵懒的爵士乐音调和静默却强烈的感情，女主角如同贝雅特丽齐一般，叙述者对她的爱慕之情也是但丁式的：

> 身材高挑，皮肤古铜，青春活力，可爱至极
>
> 依帕内玛女孩轻轻走过
>
> 当她经过人们身边时
>
> 每个人都惊叹一声："啊！"

《新生》对数字"9"在贝雅特丽齐一生中所扮演的角色阐释

★《新生》第76页。

详尽，这有几分古怪。但丁初见贝雅特丽齐时9岁；距那天9年之后，贝雅特丽齐第一次向他致意。9是3的平方，因此9象征着神圣的三位一体。但丁坚称，贝雅特丽齐参与了奇迹一般的三位一体，即圣父、圣子和圣灵。但丁将贝雅特丽齐与三位一体做类比可能会招致非议，因为这种说法是将一名凡人女子赞美为至高无上的救赎之化身。3个世纪之后，天主教会在准备出版《新生》的1576年教会版时对它进行了审查，删去了所有带半神学色彩的词汇："至福"（beatitudine）被换成了"幸福"（felicità），贝雅特丽齐与基督之间的类比也被悉数删去。然而，从中世纪寓言传统的角度来看，但丁这么写并不算亵渎神灵。他是一名虔诚的天主教徒，教义允许他将贝雅特丽齐看成基督的倒影，或者说"基督之镜"（speculum Christi）：既然上帝用自己的形象造了人，那么反过来也可以说，人类如同镜子一般反映了上帝的行事方式。可是，16世纪的宗教审判官不同意，在他们的倡导下，教会反对但丁，这种情况一直持续到19世纪晚期。

《新生》在诸多方面算得上是为《神曲》举行的一场彩排演练。在该书用散文和诗歌混合记述的回忆下，是但丁自我发现和"忏悔"（天主教的忏悔礼有令人重新开始之义）的旅程。《新生》的开篇语是用拉丁文写的"新生由此开始"（Incipit vita nova），在其结尾，但丁向读者保证，未来他还有一部作品。"我希望用对任何女性都没有说过的话去描写她。"*我们无从确定但丁在此指的是不是《神曲》，

---

*《新生》第116页。

但有一点可以确定：贝雅特丽齐的工作尚未完成。直到25年后，在《天国篇》的末尾，但丁才将目光从他的挚爱身上收回，转而凝视上帝的荣光。他对贝雅特丽齐的爱超越了人类和国家的生命，会永远地存续下去。

＊ ＊ ＊

《新生》完成时，佛罗伦萨城已经变成了一座大工地，到处都是脚手架、工人和建筑材料，以及被抛弃或半途而废的碉楼。眼前的这一切为但丁所不喜。金钱正源源不断地涌入佛罗伦萨这座城市，这种变化要归因于邻近城邦，尤其是乡间的非佛罗伦萨难民与异乡工人，外来人口的涌入让佛罗伦萨的人口从1200年的约3万人暴涨到1300年的约10万人。但丁称这种现象为"人口混杂"（confusion de la persone）*，并把它看作诅咒和混乱之源。女子开始穿着露胸的低领长裙，把头发染成金色或红褐色。佛罗伦萨"纯净"的血脉遭到了污染。外来者是这一切的罪魁祸首。按我们今天的标准来评判，但丁的态度不甚光彩，但他狂热的市民自豪感在那个时代毫不为奇。

但丁对外来户的轻蔑之情在700年后还能在哈罗德·阿克顿勋爵这位衣着时髦的审美家的声明中见到。阿克顿一生中大部分时间都在佛罗伦萨郊外的一幢别墅中居住，他还是《故园风雨后》（Brideshead Revisited）中安东尼·布兰切的原型。1985年，哈罗德勋爵悲叹道，佛罗伦萨的郊区已经"被外国人（大部分是英格兰中

---

* 《天国篇》第十六章，第67行。

产阶级）主宰了"，气氛变得好像"周末的萨里"一般。佛罗伦萨一直以来都与英格兰有着紧密联系，1855年，龚古尔兄弟称它是一座"满是英国气息的城市"（une ville toute anglais）。令哈罗德勋爵不满的是，川宁牌茶叶和酵母酱在佛罗伦萨卖得越来越好。来自各行各业的英国业余爱好者都爱上了这座城市：虽然他们希望自己能够沐浴在罗伯特·布朗宁夫妇那充满想象力的光辉中，但是他们创作诗歌和水彩画的资质只算得上平庸。对还记得往昔时光的人来说，佛罗伦萨的衰落实在是骇人听闻，令人心碎。

在但丁的年代，佛罗伦萨正成长为一个繁华的银行业中心与奢侈品产地，这一切要归功于大小行会的勤勉。佛罗伦萨人发明了复式记账法。佛罗伦萨还是最早给街道铺上地砖的欧洲城市之一。1295年10月，方济各会的僧侣们开始修建圣塔克罗齐大教堂（Santa Croce）；一年以后，较小的圣·雷帕拉塔主教堂（Santa Reparata）被改建为如今吸引着无数游客的圣母百花大教堂。但是，但丁几乎坚定地痛斥过所有这些令佛罗伦萨伟大的事物。

1299年2月，人们开始了"行政官广场"（Palazzo dei Priori）的修建工作，该地后来改名为领主广场。1300年，佛罗伦萨已经拥有了市政排污系统。这些工程耗费数年，有时甚至需要数个世纪才能完成。从中诞生的那个金光闪闪的文艺复兴的摇篮大体上就是今天旅游手册中的佛罗伦萨。尽管现在可能有有毒的化学物质被偷偷排进阿尔诺河，城里的街道上也散落着废弃的可乐罐，但我们仍可以想象往昔岁月，维多利亚时代的观光者们曾带着拉斯金和沃尔特·佩特的作品游览乌菲兹美术馆。许多由美第奇家族赞助的描写同性之爱的艺术作品可能会令但丁震惊不已。

米开朗琪罗的大卫像（只花了18个月就完成了）对男子性器官和肌肉线条的直白描绘毫无掩饰之意。米开朗琪罗在他的十四行诗中抒发了他渴望效仿佛罗伦萨大师但丁那位忧郁天才的愿望。在米开朗琪罗之前，多纳泰罗也雕了一座大卫像，这是古典时期结束后第一座真人大小的独立青铜塑像，同样尽情歌颂了这名男子的裸体之美。在但丁时代的佛罗伦萨城中没有与这些塑像相似的作品，文艺复兴时期的建筑工程抹去了那里大部分的中世纪痕迹。

＊ ＊ ＊ ＊ ＊ ＊

政治失意

现在大部分读者对但丁的外表应当都有所了解。根据乔万尼·薄伽丘的描述，但丁是个"中等身高"、神情严肃的男人。晚年的但丁蓄起了胡须：

> 他的脸型偏长，鹰钩鼻，大眼睛。他的下颌也大，下嘴唇突出。他的肤色较黑，头发和胡须都很浓密，黑色，卷曲。他的表情永远忧郁，仿佛正陷在沉思之中。

这段描写我们不可全信：薄伽丘是但丁的崇拜者，他为但丁作传的口吻有时如同圣徒一般。薄伽丘从未与但丁相见（1321年，但丁去世时薄伽丘才8岁），可由他记录的但丁的外貌特征——长脸、高鼻、突出的下巴——几乎出现在了日后所有的但丁肖像画中。薄伽丘所描述的形象究竟来自何处？

在波代斯塔宫〔Palazzo del Podestà，又称巴杰罗宫（Bargello）〕的教堂中有一幅据称是但丁的肖像作品，在这幅画中，但丁有着一张看起来善解人意的椭圆面孔，不蓄胡须，鼻子笔直，下巴突出。薄伽丘肯定看过巴杰罗宫墙上的这幅画（该墙于1841年遭到毁损，修复工作做得很糟糕）。很遗憾，并无文献能够证明这幅画中之人就是但丁本人。画中场景、色彩与特征各方面都暗示此人就是但丁，但也只是暗示而已。对我们来说，但丁易怒好斗的性格有相较之下更为确切的细节佐证。

编年史家乔万尼·维拉尼比但丁小10岁，他在其作于1321年的佛罗伦萨历史中描绘了一个相当尖酸刻薄的但丁形象。维拉尼说，但丁以"愤愤不平地抱怨"他被放逐一事"为乐"，令人感到不可理喻。但丁在与那些他认为智力上不及自己的人说话时，还带着一种居高临下、屈尊俯就的优越感——"放肆而充满轻蔑"。但丁的脾气很糟，个性时常在过分的虔诚和过分充满复仇怒火间波动。薄伽丘小心翼翼地在某些观点上赞同了维拉尼的看法。但丁在谈到他的流放时，确实会变得"狂怒不已"，但是，薄伽丘耻于揭露但丁急躁冲动的那一面：他那疯狂的发泄怒火的举动实在没有什么高尚可言。从我们现有的证据来看，很明显，但丁并不擅长忍耐。

据薄伽丘说，但丁从来都不是吉伯林党派的，但他对贵尔弗党的愤恨之情有时候可能会让人误以为他是一名"骄傲的吉伯林党成员"。但丁失去贵尔弗党的同僚支持的过程——包括种种阴谋背叛、滥用权力、行贿受贿，以及最终导致他被流放的偏袒与不公——可谓错综复杂。但丁在政治上垮台的直接原因并不难找。1293年，但丁28岁，那一年，佛罗伦萨政府下令，寡头贵族家族——所谓的"大人物"——不得担任公职。以商人和手工艺者为代表的中产阶级正在崛起（但丁是其中之一），他们想借此机会夺走大人物的权力。旧有的拥有土地的贵族阶层逐渐成为佛罗伦萨新的市场经济的阻碍，而这一经济体系由此时被惯称为"民众"的商业资产阶级一手建立。这一政治变化的结果之一，就是圭多·卡瓦尔堪提和但丁势不两立：卡瓦尔堪提属于那70个左右被禁止参与政治活动的佛罗伦萨贵族家族成员之一。

同卡瓦尔堪提一样，但丁的家族属于贵尔弗党。佛罗伦萨当时由贵尔弗党统治，他们与诡计多端的教皇卜尼法斯八世的盟约已经开始破裂，造成了危险的后果。在贵尔弗党统治佛罗伦萨的25年里，他们分裂成了互相对抗的黑白两党，从而导致了城中种种暴力冲突和血腥争斗。黑党领袖是寇尔索·窦那蒂，他因咄咄逼人的政治野心得到了"男爵"（il Barone）的外号。寇尔索是但丁的诗人朋友浮雷塞·窦那蒂的兄弟，还是但丁妻子杰玛·窦那蒂的表亲。虽然但丁与黑党有姻亲关系，他却仍然同情白党，反对窦那蒂家族。这种对立造成了深远的影响。窦那蒂家族并无显赫的先祖可供炫耀，作为"新来的人"中的一员，他们通过但丁所说的"暴发的财富"——导致佛罗伦萨腐败堕落的罪魁祸首——获得了大量财富和社会地位。黑党与教皇卜尼法斯八世结盟，反对商人阶级，而由窦那蒂的宿敌维耶里·德·切尔契领导的白党，则比以往更警惕教皇在领土和政治上的野心。与但丁相反，德·切尔契坚决反抗针对大人物所做的种种限制和监管，并对民众的诉求视若无睹。

虽然卡瓦尔堪提被禁止在政府中任职，但他起先却站在了白党一方，因为他尤其痛恨黑党的领袖寇尔索·窦那蒂。窦那蒂曾试图在卡瓦尔堪提去西班牙朝圣的旅途中刺杀他。作为报复，卡瓦尔堪提一回到佛罗伦萨就向窦那蒂投掷了一根长矛，却没有命中目标。在薄伽丘笔下，卡瓦尔堪提是一位"富有而优雅的骑士"，他以雕琢得毫无瑕疵且带有贵族气质的十四行诗闻名，可在上述事件中他却几乎变成了一名暴徒。佛罗伦萨的派系斗争实在是激烈无比。

1300年5月1日，佛罗伦萨的大人物们试图废除限制他们的法律，暴力冲突由此爆发。斗殴中，一名男子被割掉了鼻子。卜尼法斯八世对此表示关切，还派了一名红衣主教前往佛罗伦萨试图维护和平。然而，虽然这名红衣主教的拉丁文头衔"求和者"（paciarius）

巴杰罗宫中的一幅湿壁画,画中年轻的但丁身着烈火般的红色长袍。但丁左侧那位双手呈祈祷姿势的人物是他的老师勃鲁内托·拉蒂尼。人们认为这幅肖像画为乔托所作。

听起来气势宏大，可他的努力却以失败告终，其主要原因在于，但丁与其他由切尔契领导的白党成员阻止了教皇使节的努力。但丁与他来自贵尔弗白党的同僚们并不赞成教皇公然干涉世俗事务。

就在那个夏天，但丁当选为佛罗伦萨的6名行政官之一。他的任期从1300年的6月15日到8月14日，《神曲》的故事就发生在这一年。由于所有行政官都必须是大行会的成员，但丁也加入了医生和药剂师行会（它们接受诗人入会）。行政官是佛罗伦萨共和国最高级的公职，可但丁从中获得的只有种种麻烦。日后，但丁写道，他所有苦难的缘由和起源都是他"不幸被选为行政官"。6月23日是圣约翰节前夜，那一天大人物们再次袭击了一群行会成员。为了恢复秩序，在任的行政官们决定，不论白党还是黑党，所有惹是生非的嫌疑人都应被放逐：黑党成员们被禁闭在翁布利亚的一座城堡中，白党成员则被放逐到卢尼贾纳（Lunigiana）地区满是沼泽的萨尔扎纳（Sarzana）。但丁最亲密的朋友卡瓦尔堪提也在被放逐的白党成员之列。

在萨尔扎纳的沼泽地，卡瓦尔堪提身患重病（"生命飞速地流逝"）。在比茅屋好不了多少的住所中，他卧病在床，深受所谓的热病折磨，今天人们称这种令人恐惧的疾病为疟疾，症状是令人头痛欲裂的高烧，以及大量出汗，因此，卡瓦尔堪提的病床如同热带地区潮湿的泥沼一般。卡瓦尔堪提伟大的流放者之歌《因为我已无望回归家园》（*Perch'i'no spero di tornar giammai*）可能就创作于萨尔扎纳。在诗中，他表达了自己因可能永远无法再回故乡托斯卡纳而感到"无边无际的哀伤"和"日渐增长的恐惧"。1300年8月卡瓦尔堪提去世，事实上，就在几个月之前他刚被召回佛罗伦萨。但丁亲自签署了卡瓦尔堪提的流放令，正是这一命令导致了后者的死亡。这段对但丁早年至关重要的友谊以悲剧告终。弟子杀死老师的隐喻很少如此应景。在《地狱篇》中，卡瓦尔堪提的鬼魂将借着他父亲卡瓦尔堪台·德·卡尔瓦堪提那瘦削而忧郁的形象回归，令但丁不得安宁。但丁在"正义"和友谊中选择了前者，而现在，他最好的朋友死了。

不幸的是，但丁掌权之时也是教皇阴谋版图扩张之时。本尼迪克特·加塔尼1294年被选为教皇，其称号为卜尼法斯八世，他曾在北安普顿托斯特的圣劳伦斯教堂担任教区长。他相信"所有人都应向罗马教宗效忠"，只有这样，人类才可以获得救赎。他坚信只有教皇才能带领人类走上救赎之路，这种信念让他居于国王与王国之上，成了中世纪最后一位伟大的教皇。在卜尼法斯八世心中，宗教信仰和世俗野心并肩而立。为了让托斯卡纳屈膝，卜尼法斯八世着手利用贵尔弗黑白两党间的矛盾达到自己的目的。很自然，他支持的是亲教皇的黑党一方，后者由窦那蒂这名暴徒统领。白党感到危机，于是他们称卜尼法斯八世犯下了买卖圣职罪，即用教会头衔换取金钱。这一罪名确有根据。卜尼法斯八世在1300年大赦年间（但丁在该年当选为行政官）为访问罗马的所有朝圣者都提供了"完全而充分的赎罪"。这一大规模集体赎罪事件点燃了全欧洲的想象力，此外，据说该事件还让罗马的教堂大发横财，赚得盆满钵满，以至于圣器管理人甚至用上了耙子才能把人们捐献的财物都揽进来。

超过20万名忏悔者（2倍于佛罗伦萨的总人口）聚集在圣彼得大

教堂。在《地狱篇》第十八章中，但丁将两列相向而行、蜂拥而至的裸体罪人（"淫媒"和"诱奸者"）比喻为在罗马的圣天使堡桥上听从教皇管制的人群。前往圣彼得大教堂（面朝圣天使堡）的人群走在台伯河上这座桥的一边；离开圣彼得大教堂（面朝乔尔达诺山）的人群则走另一边。这些罪人在长角鬼卒的无休鞭笞下不断向相反方向前进：

> 犹如罗马人在大赦年因为巡礼者的队伍众多，
>
> 想出了这样让人们过桥的办法：
>
> 凡是面朝城堡到圣彼得教堂去的人，
>
> 都走这一边，
>
> 朝着山走去的，
>
> 都走那一边。

这段描写栩栩如生，仿佛但丁亲眼所见。

此时，但丁对作为教皇圣座所在地的罗马城还未持蔑视态度。恰恰相反，他对这座"高贵的城市，就连环绕的石墙也值得崇拜"敬畏不已。朝圣者们口中喧喧嚷嚷的各门外语让但丁第一次认识到，佛罗伦萨之外的欧洲拥有着种类繁多的事物和广阔的空间——在这片土地上，有着许多种奇异的语言。但丁有意将《神曲》这部讲述他生命旅程的寓言故事设定在1300年大赦年的复活节这一周：人们倾向于认为，但丁自己也是参与了教会大赦的茫茫信众之一。

政治阴谋正要将但丁包围起来，将他打翻在地。卜尼法斯八世将佛罗伦萨作为金钱资助的重要源头，黑党与白党的斗争令他焦虑不已。教皇猜测白党有反对他的政治野心（事实上，他猜对了），因而加强了对黑党的支持。为此，卜尼法斯八世任命法国国王腓力四世的兄弟瓦洛亚的查理为调解人，表面调节，实际却图谋佛罗伦萨的控制权。毫不意外，白党并不信任查理，他们认为查理和教皇并不会尊重佛罗伦萨的独立性（他们也猜对了）。就像锡耶纳、比萨、卢卡、阿雷佐、皮斯托亚以及其他意大利中部地区的城邦那样，佛罗伦萨一直自治，而现在，它那独立共和国的地位受到了威胁。

1301年10月，黑党的寇尔索·窦那蒂在邻近的锡耶纳拜访了查理。在允诺将继续支持教皇之外，窦那蒂还献上了7万枚弗洛林金币以资查理在佛罗伦萨的"维和任务"中使用。白党则急于让教皇承诺查理会支持维护佛罗伦萨的宪法，于是，他们急匆匆地向罗马派遣了三位使节，但丁位列其中，当时他身着白鼬皮镶边的暗红色长袍。这个使团的任务，就是恳求教皇召回他的特使瓦洛亚的查理。

毫不意外的是，教皇十分冷淡地接见了三人使团。卜尼法斯八世已下定决心，无意改变。教皇遣散了使团中的两名成员，却把但丁留在了罗马，仿佛要跟他进行小规模谈判或是做出让步。瓦洛亚的查理在11月1日，即万圣节那一天来到了佛罗伦萨城门前，还带了200名托斯卡纳骑士。他显然是前来表达对法国国王兄弟的敬意的，随后又与骑士们一同在阿尔诺河两岸的营房中驻扎了下来，行政官们只得将佛罗伦萨的控制权拱手相让。为了稳定民心，卜尼法斯八世假意允诺要维护和平。然而，仅过了3天，寇尔索·窦那蒂带

中间的人物是被但丁憎恨的教皇卜尼法斯八世。该图来自罗马拉特兰圣约翰大教堂（Basilica of St John Lateran）中一幅湿壁画，由乔托所作。

着一支由被流放的黑党成员组成的军队回来了，他们全副武装——瓦洛亚的查理对此无动于衷。根据日后但丁的描述，瓦洛亚的查理携带的是"犹大的长枪"，换句话说，查理背叛了白党。黑党成员从监牢中被释放出来，随后，他们开始大肆屠杀白党成员，并掠夺他们的财物。

到11月8日那一天，包括但丁在内的所有白党行政官全部被驱逐出境，其官职由黑党成员取代。政变发生时，但丁很可能仍在罗马城中。没过多久他来到了锡耶那，在那里他认识到佛罗伦萨的局势已经无力回天。但丁从未原谅导致佛罗伦萨陷落的教皇卜尼法斯八世。在《神曲》的所有罪人中，卜尼法斯八世受到了最为频繁的痛骂和怒斥。黑党控制了司法系统，判处白党成员以流放之刑。在1月27日的审判中，但丁因一桩莫须有之事被判有罪。这桩罪名是以权谋私。除此之外，但丁还被判处另外两项罪名：其一是参与将黑党从邻近的皮斯托亚城中驱逐出境一事；其二是拒绝为教皇提供军事援助。但丁未能在审判现场为自己辩护，这几乎相当于直接认罪。他被判处监禁，还要在3天之内上交5000枚弗洛林金币作为罚金。但丁没能在审判现场出现。1302年3月10日，即审判6周之后，调查者们宣布，假如但丁胆敢回到佛罗伦萨，他将被以火刑处死。到那年年末为止，佛罗伦萨至少通过了559项死刑判决。一份羊皮纸抄本记录了被判刑者的姓名。这份抄本皮制的封面和封底都被钉上了令人毛骨悚然的大钉，由此得名"钉子之书"（Il libro del chiodo）。在"背叛佛罗伦萨城的家族"成员的姓名中，我们可以看到但丁·阿利吉耶里的名字。令人好奇的是，书页顶端画有重复的符号，分别为马头、公山羊和城堡。这些符号象征着佛罗伦萨不同的行政区，此外也代表了一桩人类党同伐异、互相迫害的恶行。

　　但丁被从佛罗伦萨放逐，无法联系他的妻子。但因为杰玛是窦那蒂家族的一员，还是黑党首领寇尔索·窦那蒂的表亲，所以，但丁应该可以不用担心妻儿的安危，事实看起来似乎确实如此。但是但丁的政治前途已经彻底宣告终结，他再也无法回到故乡佛罗伦萨。黑党成员讥笑嘲弄流离失所的白党成员，白党已经丧失了一切希望。

* * * * * *

流放

贵尔弗黑党在佛罗伦萨横行霸道，肆意杀戮，白党则被剥夺了财产，而但丁再也未能回到故乡，因为但丁已被判处死刑，一旦回家就会被捕，面临被合法处死的危险。薄伽丘的记载是，但丁被迫独自一人踏上逃亡之旅，"抛下了妻子以及其他所有家庭成员"。在夜色的掩护下，但丁的亲属将他的财物保管在一家方济各会修道院中（薄伽丘未说明是什么财物）。显然，杰玛留在了佛罗伦萨，她的婚约在事实层面宣告终结。如果她立刻跟随但丁流亡异乡的话就太不明智了，因为但丁得先找到资金来源和保护人才行。杰玛的两个儿子，彼埃特罗和雅各波，一到14岁也将被放逐。

　　但丁在流放中的很多遭遇都不为人知，尤其是流放早期。他很可能待在意大利中部和北部，那些关于他拜访法国南部，或者在巴黎甚至牛津学习的故事很可能是捏造的。但丁很可能是孤身一人，虽然学者们争论说，有时候彼埃特罗和雅各波（他们属于《神曲》最早的一批注疏人）陪伴着他们的父亲，有时候他的女儿（她后来成了一名叫作"贝雅特丽齐"的修女）也陪在身边。所有这些我们都无法下定论。

　　这位37岁的前行政官被逐出了家园（"被无辜地流放"，但丁说）。他热切盼望回到佛罗伦萨，一定在恍惚中怀疑过自己是否真的已经远离了故乡。但丁坚信，个人的幸福与社会的幸福是紧密联系在一起的，对这样的人来说，放逐可谓是一场大灾难，而与但丁关系最为密切且最为他所珍视的地方就是佛罗伦萨。为了寻找一份外交官或是宫廷官员的工作，但丁在意大利半岛北部地区四处游荡，遍访各位保护人，寄人篱下，饱尝生活的艰辛。这份经历，用但丁自己苦涩的话语说，就是证明了"走上、走下别人家的楼梯，路是多么艰难"（come è duro calle lo scendere e l' salir per l'altrui scale）*。

　　但丁在被放逐的最初几年中过得十分艰辛，以至于他不得不和敌对的吉伯林党来往。他几乎要靠乞讨为生，时常腹中空空又疲惫不堪地孤身一人穿越亚平宁山脉前往岁马涅（Romagna）的山脚。耻辱——来自贫困的耻辱，来自流放的耻辱——主宰了他的生活。在这一时期，他写信的签名变成了"但丁·阿利吉耶里，佛罗伦萨人，无辜的被流放者"。最令但丁受伤的不是贫困、无家可归或是失去社会地位，而是他被无辜定罪，他那所谓的罪行永久性地损坏了他的名誉。他每到一处，都被自己是名罪犯的想法折磨。在一首写于这段时期的诗中，但丁谴责佛罗伦萨是座"没有丝毫爱心"的无情之城。根据他写诗的惯例，他对这首诗的称呼就仿佛它拥有独立的生命一般：

　　哦，山岳之歌，你可以出发了：

　　也许你会见到佛罗伦萨，我的故乡，

　　它将我锁在了门外，

　　没有丝毫爱心和温情。

　　在流亡的过程中，但丁目睹了他的仇敌寇尔索·窦那蒂从逐渐失势到最终彻底垮台的全过程。那时，窦那蒂只剩6年的生命。1308年，他被指控与吉伯林党合谋推翻佛罗伦萨共和国，随后他被前盟友在佛罗伦萨谋杀。在《炼狱篇》中，但丁幻想了窦那蒂被马镫缠

★《天国篇》第十七章，第59～60行。

住拖向地狱的场景（古怪的是，寇尔索的妹妹毕卡尔达·窦那蒂，是《天国篇》中众圣徒的一员）。虽然流放给但丁带来了绝望和"令人痛苦"的贫困，但这一经历也让他的文学视野变得更为清晰纯净。其中一点就是此后但丁将从对故乡托斯卡纳的那种狭隘的自傲之情中解放出来。意大利人将对故乡的忠诚之心叫作"campanilismo"（来自"campanile"，意为"钟塔"）。在远离佛罗伦萨那片象征意义上的"钟塔"土地上，但丁发现了不同于自己故乡的民族、食物，以及更为重要的种种方言。他开始意识到，意大利的语言比自己曾经想象的更破碎、多样。他惊异地发现，"帕多瓦的人说一种方言"，而"比萨的人说另一种"。更令他惊讶的是，即使"同一座城市的居民，比如住在博尔戈圣菲丽奇（Borgo San Felice）和斯特拉达马焦雷（Strada Maggiore）两地的博洛尼亚人"，口语表达的方式也不太一样。这些中世纪方言究竟是怎么形成的呢？但丁在他1302年到1309年那7年的流放之旅中，一共识别出了14种方言。他之前很少离开故乡佛罗伦萨外出冒险，现在却看到了意料之外的广阔天地。虽然在《神曲》中，托斯卡纳方言必定占据主导地位，但诗中还出现了众多其他语言的踪迹，如那不勒斯语、伦巴第语、阿拉伯语、萨丁尼亚语，以及比萨－卢切斯语（Pisan-Lucchese）、西西里－托斯卡纳语、古希腊语、拉丁语和希伯来语。据我们所知，但丁是意大利首位方言学家，他直觉地预见到了现代语言学中多项重要观点，如语言自身会发生变化、有自己的历史进程等。但丁若不曾遭受流放之

下页图
头戴桂冠（象征他是一名伟大的诗人）的但丁画像，出自文艺复兴艺术家拉斐尔于1509至1510年间创作的一幅湿壁画。画面左侧身有金饰之人为教皇西斯笃四世。

灾，就不会如此见多识广。

　　但丁在黑白两党之间摇摆的政治姿态则有些令人难解。1302年6月，但丁与一群被流放到佛罗伦萨北边穆杰罗（Mugello）地区的白党成员会面。同年秋天，他跟随一群白党成员越过亚平宁山脉来到了弗利（Forlì），即罗马涅地区吉伯林党的首府，而他们出于机会主义目的，已经和白党结盟了。第二年，即1303年，在维罗纳，但丁在支持吉伯林党的巴尔托罗美奥·德拉·斯卡拉的宫廷待了10个月，其间还遇见了其他来自佛罗伦萨的流放者，其中就有阿利吉耶里家族的成员，他们是但丁的堂亲。

　　2月15日，但丁在维罗纳观赏了四旬斋期*的跑步比赛，根据传统，胜者会获得一块绿布锦标。这项比赛日后出现在了《地狱篇》中：但丁曾经的导师勃鲁内托·拉蒂尼如同在维罗纳"争夺绿布锦标"†的运动员们那样，赤身裸体地在燃烧的沙地上奔跑。维罗纳位于威尼托的阿迪杰河畔，该城有全欧洲规模最大的图书馆之一，即教会图书馆（Biblioteca Capitolare）。在托斯卡纳和罗马涅的亚平宁山区，没有其他城堡或静养地的图书馆拥有如此丰富的馆藏，能够满足但丁的求知欲。教会图书馆的馆藏可追溯到公元5至6世纪，包括记载基督生平的希腊文手稿，这批手稿的羊皮纸书页被染成紫色，由拜占庭风格的交织花纹装饰。图书馆内部的气氛令人敬畏，在这里，但丁构思了《论俗语》，一部阐释全国方言的严肃著作。从1304

---

* 四旬斋期指复活节前不包括周日的40天，许多基督徒在此期间会进行禁食冥思等活动。数字40象征着基督在荒野中抵抗撒旦诱惑的时间。

† 《地狱篇》第十五章，第122行。

年开始，但丁对意大利语进行了简单研究，并参考了拉丁文作者，如普林尼（我们不清楚是老普林尼还是小普林尼）、李维和弗朗提努斯，这几位作家在当时的意大利几乎无人知晓，但教会图书馆的馆藏目录中有他们的著作。

1303年10月12日，但丁正在维罗纳。教皇卜尼法斯八世在这一天去世，他先前曾在他位于阿南尼城的家中被法国腓力四世的支持者们袭击。这两人早就结怨已深，而腓力四世未经教皇允许就对教会征收赋税更是火上浇油。尽管如此，教皇之死还是让全欧洲深受震动。新教皇本笃十一世在布道中宣告，伤害基督在尘世的代理人——教皇就等于伤害基督本人。令人惊讶的是，虽然但丁厌恶卜尼法斯八世，但他却同意本笃十一世的这个观点。在《炼狱篇》第二十章中，但丁将腓力四世贬称为"新彼拉多"，原因在于后者试图洗清自己的亵圣行为。

我们几乎可以确定，但丁还去过白党的总部阿雷佐。只是因为他在那儿和被流放的同僚们大吵一架，就又脱离了白党，组建了一个用他自己的话来说"只有孤身一人"的小团体。但丁的下一个容身之处是博洛尼亚。该城红褐色与粉色相间的建筑景观为但丁提供了些许安慰。在从1304年7月到1306年初的近两年里，但丁在这座位于艾米利亚-罗马涅区的伟大城市中度过了一段愉快的时光。

博洛尼亚拥有源自古罗马时期、符合几何学原理的街道，令人啧啧称奇的斜塔，而且至今仍是意大利毫无争议的美食之都。据博洛尼亚人说，他们这里的意面用料最为丰盛而且柔软滑腻，这里的肉类颜色也最为鲜亮。在但丁的年代，人们给博洛尼亚的许多中世纪街道起了猥琐的名字（Via Fregatette，意为"摸奶街"）。但丁在那里享受着美食，更重要的是，他恢复了与托斯卡纳方言诗人奇诺·达·皮斯托亚的友谊，当时奇诺在欧洲最古老大学之一的博洛尼亚大学教授法律。早在16年前，贝雅特丽齐于1290年去世之时，但丁就已和奇诺相识，当时奇诺送给但丁一首安慰他的雅歌。虽然奇诺是黑党成员，但由于但丁内心渴望从黑白两党的争斗中解脱出来，所以他对奇诺的身份并不在意。但丁在《新生》中将圭多·卡瓦尔堪提比作一盏指路明灯，还在《论俗语》中声称是奇诺·达·皮斯托亚给了他指引。包括彼得拉克在内的众人曾称赞奇诺诗歌中的音乐性和高超的修辞技巧，而在博洛尼亚有一小群读者更是认为奇诺的诗歌技艺已臻化境。在《论俗语》中，但丁（有几分胆怯地）赞美奇诺为意大利至高无上的爱情诗人。

《论俗语》条分缕析、充满沉思的笔触令人讶异。在这部作品中，但丁研究了从《圣经》中巴别塔倒塌时起到当时他所处的中世纪为止的语言起源和历史，即语言不断碎片化的过程。《论俗语》的写作时间正好在《神曲》之前，写作计划有意识地带有临时为之的特征，而且最终确实没有写完。在十四章篇幅较短的文字中，但丁概述了意大利半岛上方言的地理区划。但丁在写作过程中变成了一名犀利，甚至可以说是好斗的批评家。"由于我们未曾发现有任何前人研究过方言这门科学，"但丁宣布道，"所以我们将借着来自天国的神圣智慧的帮助，努力对普罗大众的话语有所裨益。"

也许令人感到奇怪的是，这部捍卫俗语地位的论著竟然是用拉丁语写的，而但丁在其他场合声称拉丁语是一门人为矫饰的语言

（lingua artificialis）。可是但丁清楚，由于拉丁文仍是中世纪教育体系的基石和权威语言，它可以为这部书在通晓该语言的学者和哲学家中争取更大的读者群体。《神曲》庞大的阴影盖过了但丁所谓的"次要作品"（opere minori），而《论俗语》也被降格为其中之一，这一点实在令人遗憾。《论俗语》是意大利语的伟大颂歌。但丁从未声称意大利语优于拉丁语，或反之。他在这一时期创作的另一部伟大的"次要作品"是《飨宴》（Convivio），该书主要研究当时的哲学和神学问题，它将拉丁语而非方言称颂为更崇高的语言媒介。维吉尔的《埃涅阿斯纪》（Aeneid）证明了拉丁语精确的语言系统和永恒不变的不朽特性，但丁认为该作品是基督教诞生前的一部奇迹之作，其描写栩栩如生，充满活力。令人困惑的是，但丁同时在《论俗语》中呼吁人们改革方言，以最终取代"效率低下"且"构思糟糕"的拉丁语。虽然但丁的主张前后不一、充满矛盾，但他提升方言文化地位的坚定决心始终如一，就如古典作家展现了拉丁语的伟大诗学特性那样，但丁决定在那部正处于谋划阶段的作品中展示出方言的特性。

但丁说，意大利语胜于普罗旺斯语和法语，最适合由"最婉约的诗人"使用创作。"奇诺·达·皮斯托亚和他的朋友"，即但丁自己，就是"最婉约的诗人"中的两位代表。但丁机智地称赞了这名方言诗人兼法学家朋友之后，逐一讨论了他心目中较为恶劣的意大利方言，包括斯波莱托（Spoleto）、安科纳（Ancona）、米兰（Milan）、贝加莫（Bergamo）、阿奎莱亚（Aquileia）、伊斯特利亚（Istria）、卡森提诺（Casentino）和普拉托（Prato）等地区的方言。这些地区的方言都含有不协调且刺耳的发音，为但丁所不喜。但这些方言还不是最糟的：罗马地区的方言是"意大利所有方言中最丑陋的"，发音粗哑、令人厌恶。令人费解的是，但丁对西西里方言也持类似的憎恶态度，可他对腓特烈二世统治下的西西里诗人却推崇有加，他赞赏那些诗人为玫瑰而作的气质慵懒、带有东方特色的赞美诗。至于撒丁尼亚人，但丁认为他们甚至算不得意大利人，因为他们讲的拉丁语"如同猿猴模仿人类"。

但丁对托斯卡纳方言的推崇不可避免地受到了民族自豪感的影响。他梦想有一天托斯卡纳方言能够成为一门"符合语法"的语言，其中包含拉丁语的普适性（universalitas）和《圣经》希伯来语（这是由亚当率先在伊甸园中使用的语言）的自然性（naturalitas）。托斯卡纳语不仅优于拉丁语，还胜过意大利其他方言。此外，托斯卡纳语的音律如此优美，以至于它几乎具有诗歌内在特征，而且它还是佛罗伦萨人"在母亲膝边"说话时使用的语言，充满了"自然"的高贵秉性。在但丁的设想中，托斯卡纳语是自然的、属于伊甸园的语言，是上帝给予人类的馈赠。此外，受到佛罗伦萨庞大经济力量的推动，使用这种语言的人身上似乎笼罩着一层金色的"光辉"。13世纪晚期分散于意大利各处的宫廷知识分子和学者只有凭着这样一门拥有诸多突出优点的方言，才能创作出最高贵的诗歌（但丁称这种诗歌为"悲剧性的"）。托斯卡纳方言不仅能够超越狭隘的地方主义（campanilismo），还能受到意大利其他方言与阿尔卑斯山北侧语言的滋养，变得更为丰富。一旦托斯卡纳方言过滤了来自各省和各市的杂质，它就可以呈现出源自上帝恩赐的种种特质。

事实上，在但丁的救赎中，托斯卡纳方言确实扮演了重要角色：

这名忏悔中的诗人使用的语言充满了圣灵之气，因此他将成为"神圣的象征"，而我们这些读者将会共同感受到他恳求救赎的诚挚之情，并为他祈祷。不论是出于继承自父母的人格缺陷，还是受到原罪的沾染，但丁毫无疑问将自己视为一名堕落者，在贝雅特丽齐去世之后需要慰藉。在《神曲》中，但丁将会表达自己坚定的信念：他要将意大利语变得足以传播自《圣经》之后"最崇高的消息"。但丁口中"最崇高的消息"即《神曲》。出于对贝雅特丽齐的一片真情，但丁努力将意大利的语言和传统提升到新的高度，因此，人们将他尊为19世纪意大利民族复兴运动（Risorgimento）★的先驱。

《飨宴》是但丁最长的散文作品，可惜也未完成。它的目标读者是意大利普通的识字而富有的平信徒阶级，或者用但丁的话说，是"君主、男爵、骑士，以及许多其他贵族成员，不仅有男人，还包括女人"。在该书中，但丁鼓励佛罗伦萨人抛弃一切他们可能有的对拉丁语的自卑感，将托斯卡纳方言当作一门"光辉灿烂的方言"来对待。

《飨宴》与《论俗语》创作于同一时期，计划诠释但丁的14首诗歌，将它们如同面包一般放在由散文体注疏组成的"餐盘"上供人"食用"。所有这些加起来将为读者提供一场知识和哲学的精神"飨宴"。一群读者围坐在哲学的餐桌旁，受到但丁提供的食物的滋养。这一意象与当时实际生活中的筵席如出一辙，出现在庄重而华丽的场合：主菜由衣着华丽的侍者端进宴会厅，有时甚至是用马匹驮进来的；厨子、供餐人、侍童、侍臣、男仆，以及手工艺人会齐心合力准

★ 即意大利的统一。

备一条巨大的煮鲟鱼，上面有由大蒜和红色酱汁醒目标出的主人家族的纹章装饰。《飨宴》里想象中的酒席向所有能够阅读的人发出邀请，呼唤他们一同前来享用精美的知识盛宴。但丁原本计划将《飨宴》分为14个篇章，可最后他只完成了其中4个。这些篇章清楚地表明了为何但丁选择使用托斯卡纳方言而不是"在哲学上更可敬的拉丁语"进行写作，它们还大胆地宣示，托斯卡纳方言在表意的精细程度上与拉丁语旗鼓相当（倒不一定比后者更优越）。该书还深刻地探讨了真正的高贵是什么，出身高贵究竟意味着什么，何种社会最有利于培育这种高贵。但丁驳斥了将高贵和财富等同起来这种"错误而卑劣"的看法。高贵是人性，而不是金钱的属性。在我们这个倡导众人平等的年代，这种观点看似陈词滥调，可是《飨宴》却是已知的第一部详细阐释这种带有"中产阶级"性质，倡导唯才是举理念的著作。乔叟在《巴思妇人的故事》（*The Wife of Bath's Tale*）里，称但丁是这一关于"高贵品格"（gentillesse，意大利语为"gentilezza"，此处指某种仁爱的精神）的理念的专家。贝雅特丽齐将在出生于曼图阿（Mantua）的维吉尔身上体会到温厚这一品质。"啊，温厚的曼图阿人的灵魂哪！"（O anima cortese mantoana！）在《地狱篇》的开头，贝雅特丽齐以此称呼维吉尔，而在此刻，她自己也在进行一项十分温厚的任务，即拯救她的爱人但丁。贝雅特丽齐天生就拥有"高贵的灵魂"，完全没有受到贪婪或政治野心的污染。这种高贵和爱是紧密相连的。而"爱"是什么呢？"爱是含忍的，爱是慈祥的。"廷代尔*在翻译圣保罗书信

---

* 威廉·廷代尔是16世纪英国著名的基督教学者和宗教改革先驱。他是一名清教徒，翻译了《圣经》。

时如是写道。

　　但丁在创作《飨宴》时40岁出头。对但丁来说，15年前启发他创作《新生》的抒情诗歌和爱情故事现在一定像他失去的故土佛罗伦萨那样遥不可及了。可是，爱以及所有伴随它而来的未解之谜并没有抛弃但丁。《新生》中的那位"贤淑的女郎"在《飨宴》中变成了"哲学女士"（Lady Philosophy），而她的这种形象宛如贝雅特丽齐的化身，激励着但丁实现创作《神曲》的目标，即完成揭示并描写"灵魂在死后的状态"这一全新的任务。但丁在这个时期创作的许多雅歌中无情抨击了吝啬这一极度糟糕的"不雅"罪恶，因为吝啬扼杀慷慨，而后者同温厚一样，是高贵行为的基石。但丁在他创作于《神曲》之前的其他诗歌中谴责了佛罗伦萨的暴发户、爱出风头者和铺张浪费者滥用财富的恶行，这群斯文败类利用财富把自己打扮得人模狗样：年轻的贵尔弗党和吉伯林党银行家不约而同地用龙涎香（抹香鲸的分泌物）给手套加香，如同今天城市中戴着劳力士手表、身穿裁缝街定制西装的花花公子一般，他们极度关注时尚潮流，并做出种种轻浮之举，因此，但丁在《地狱篇》中判处他们永受折磨。

　　但丁这名被判处贪污公款、中饱私囊的失意政治家，在写作生涯的中期，靠着《论俗语》和《飨宴》两部作品试图重新建立起自己作为一名学者和诗人的形象，重拾被无情践踏的自信。可事实上，这两部书最终未能实现他的目标，因为当时它们都未能得到广泛传播。但丁这名流放者还是凭借《神曲》才真正洗雪耻辱，并从背井离乡、颠沛流离中得到了解脱。

** ***

绝对的地狱
（路西法，让开）

生者的地狱已在此处……我们每天就生活在这地狱之中，这是由我们共同组成的地狱。

——伊塔洛·卡尔维诺，《看不见的城市》（Invisible Cities）

吾自身便是地狱，此处空无一人。

——罗伯特·洛威尔，《臭鼬的时光》（Skunk Hour）

我们并不十分清楚但丁究竟从何时开始创作《神曲》的第一部分，即《地狱篇》。大部分学者认为但丁在1308年，即他从佛罗伦萨被流放6年后开始创作该篇。在那个时候，但丁身上肯定发生了某种惊人的变化，可能是某种皈依，或者是精神觉醒，因为他的《飨宴》和《论俗语》这两部著作都半途而废了。随后，但丁开始创作这部新的作品，希望借此获得个人的救赎，并拯救正笼罩在茫茫黑夜中的整个基督教欧洲。至于但丁究竟如何想到写作这样一部目标高得离谱，甚至可以说是冒昧至极的书，仍不为人知。在很多领域，雄心壮志太过头常常令人反感，但在文学创作领域，情况可能要好一些，因为只有当作者真的鼓起勇气试图创作新鲜事物（真正的新鲜事物）时，文学才能焕发出活力。在《神曲》这部三部曲长诗中，写实主义（verismo）的棱角如此鲜明，以至于但丁的同代人认为作者肯定受到了神灵的帮助。薄伽丘猜测，"但丁"（Dante）一名的含义是"神圣的赠礼"或"赠礼者"：但丁被"赠予"了诗歌这份礼物。但丁写作《神曲》这一行为是在真切地做本属于上帝的工作，他成了"上帝的抄书人"（scriba Dei）。1320年，《神曲》完成时，整首诗长达14233行。

《神曲》具体的创作过程无人知晓，部分原因在于我们对但丁在流放期间的生活经历所知甚少。他在哪些地方居住过？住了多久？我们对此一无所知。但丁很可能每写完几章《神曲》就会把它们传播出去，但他送出了哪几章，这些诗章在书页上外观为何，但丁用什么笔进行写作……这些问题尚无定论。但丁生命的最后10年是在维罗纳和拉韦纳度过的，因此，《神曲》的第一批抄写员可能是意大利北方人。或者，可能是但丁自己誊写了抄本（如果这种推测属实，那么这些抄本已失传）。我们也不了解实际有多少抄本，另外，考虑到但丁在流放中的经济状况，我们也不清楚他能负担得起多少抄本。我们确切知道的是，《地狱篇》和《天国篇》分别在1317年和1319年就已经流传开来，而但丁本人很可能从未准备好一部完整版的《神曲》以供出版之用。这项工作可能是由他的儿子雅各波于1322年左右在拉韦纳完成的，那时但丁刚去世不久。起初，《神曲》以"册子本"（codex）的形式流传，册子本是由折叠的书页缝制而成的书卷，而书页材料用的是纸还是羊皮纸，这也是个谜团。《神曲》似乎一经传播就立刻获得了成功。在学校里、街道旁，甚至在14世纪末的布道坛上，到处都有人赞颂但丁这位诗人的天赋。

根据在1427至1444年担任佛罗伦萨共和国秘书官的莱昂纳多·布鲁尼的描述，但丁的手写体"细长而一丝不苟"，他亲眼见过诗人的亲笔信。我们猜测，但丁创作《神曲》时使用的就是一种半正式风格的哥特式字体。《神曲》全诗使用但丁发明的名为"三韵句"（terza rima）的三重韵律结构写就，其中每三行为一个单位，隔句押韵的诗行互相嵌套*，让诗歌具有滚滚向前移动的动态和鼓点一般的重音模式。全诗共100章（cantos，字面意义为"歌"，来自拉丁文"cantus"），是佛罗伦萨方言可以在文学成就上媲美甚至超越拉丁语的有力证明。《神曲》全诗由精巧设置的三段结构组成（《地狱篇》《炼狱篇》《天国篇》），它们具有诗歌的美感，知识面涵盖范围如同百科全书一般宏大，使用的语言种类也极其丰富，这一切都可谓前无古人。但丁在写作《神曲》时实际上创造了一种属于他自己的文学体裁，这项创举完全由他一个人完成，令人敬佩。与荷马的《奥德赛》一样，《神曲》源自古代将诗歌当作歌曲唱诵的传统。"我要唱的是战争和一个人的故事。"†《埃涅阿斯纪》的开篇如是说道。但丁在诗中通过使用大量的单数第二人称来称呼读者："读者，我发誓"，"正如你清楚知道的那样"；有时也会使用复数第二人称"voi"，这也标志着，叙述人正在与多名听众或读者说话。正如维吉尔"唱诵"他的史诗那样，但丁的《神曲》也是一首"歌"，或者说是一首符合中世纪对"detto"定义的诗，即讲述或歌唱的话语。《地狱篇》中满是这种对读者讲话的片段：但丁没有只把这部作品当成纸面上的文字来处理。在印刷术发明之前，人们大多数时候不是阅读《神曲》，而是聆听。为了吸引听众，全诗仿佛圣歌一般，节奏也如同音乐。

在不断打破传统的过程中，但丁借鉴古典作品和《圣经》，极大地扩展了中世纪文学中"喜剧"的语域。在《神曲》里，人们在

---

* 三韵句中押尾韵模式为：ABA、BCB、CDC、DED……以此类推。
† 译文引自《埃涅阿斯纪》杨周翰译本，第1页，译林出版社，1999年版。原文为"我要说的是……"。

集市上轻快机智的对答与"温柔的新体"共存。但丁常被拿来和弥尔顿比较：这两位诗人都性格严厉，在谴责人类的罪孽时毫不留情，但弥尔顿只有一种文风，即那种崇高的风格，他使用的拉丁化语言雄浑壮丽，有飞上云巅之势；与他不同，但丁使用的风格含有多种声调和语言，包含下流谈话（turpiloquium）和恶言讥笑（scurrilitas）等元素。但丁之所以将他的诗歌称为一部"喜剧"，可能确实是因为他要借此谦逊地指出，该诗包含了众多语域和不同层级的现实。位于《地狱篇》第七章开头的那段无意义文字"Papé Satàn, Papé Satàn, aleppe!"仿佛婴儿牙牙学语一般，它日后将启示詹姆斯·乔伊斯在词汇上的创新之举（……有一头哞哞叫的奶牛沿着大路走过来……*）。举个例子，安伯托·艾柯在但丁的作品中发现了一种中世纪和现代主义的混合物，但丁的文字游戏成为乔伊斯式风格的原型，而艾柯那部在2016年出版的散文集《帕佩撒旦阿莱佩》（*Papé Satàn Aleppe*），其标题正是来源于此。

《神曲》中更为现代的方面是诗中包含了作品本身创作过程的故事。在《炼狱篇》的末尾，贝雅特丽齐出现在但丁面前。这个时刻极具个人意义和戏剧性。此前，维吉尔一直是诗人的向导和依靠，可他现在却突然消失了。这是诗中第一次也是唯一一次作者的名字被人知晓。贝雅特丽齐对但丁说："但丁，你为维吉尔已去，且不要哭，且不要哭。"†但丁以一种几乎像戏剧独白的形式为使用自己的姓

---

* 该句引自《一个青年艺术家的肖像》开头处。译文摘自《都柏林人·青年艺术家的画像》，第215页，黄雨石等译，人民文学出版社，1996年版。

† 《炼狱篇》第三十章，第55～56行。

名向读者致歉：他为情势所迫不得不这么做。但丁确实解释了他如此为之的缘由，但在此时，随着《神曲》如同具有自我意识一般探索着自身的文学性，诗中的词句已经变成了书面表达的形式。但丁精神领域的革新使诗人必然踏上探索来世的旅程，而这段旅程又被有意识地与该诗的写作过程紧密联系在了一起。这种相互决定性预兆了伊塔洛·卡尔维诺等当代意大利作家的关注点，他们对写故事的过程这段冒险之旅的兴趣经常要甚于对冒险故事本身。当然，以语言为媒介来有意识地思考语言本身，这种行为不可避免地要带上点儿"先有鸡还是先有蛋"的循环往复的味道，但在但丁的作品中，这种自我意识为他提供了大量机会去书写和描绘那些恶毒却有效融合不同风格的片段，比如充满哲思的幽默话语，令人肾上腺素急剧升高的恐惧，怪异而可笑的事物，以及许多直击感官的细节。在《神曲》那令人敬而远之的博学外表之下，暗藏着但丁机智而长于讽刺的一面。通过整部诗，我们可以看出但丁热衷于使用悖论以及矛盾修辞法（"荒芜的希望""燃烧的寒冷"），此外，他的兴趣也相当广泛，从阿拉伯天文学与宇宙学理论到中世纪法国的骑士传奇，无不涉猎。伊塔洛·卡尔维诺出版于1965年的关于地球起源的极简主义风格寓言集《宇宙奇趣全集》（*Cosmicomics*），在使用天文学、物理学、几何学、光学、药学、哲学和宇宙起源学等诸多学科的用语这一点上，就受到了《神曲》的启发。

因此，在某个层面上，《神曲》证明了一部包罗万象的文学作品的必要性。在《天国篇》末尾那个著名的书本装订的比喻中，但丁凝视星空，感受到了造物的统一与和谐，如同书页被神圣之爱装订在一起的书卷：

> 在那光的深处，我看到
>
> 分散在全宇宙的一切书页都结集在一起，
>
> 被爱装订成一卷。*

在这段话中，分散的"书页"就如同中世纪手稿的组成部分。这种书页由抄写员誊写而成，既可以分散流通，也可以像但丁写的那样被装订成一部书卷。法国象征主义诗人斯特芳·马拉美持一种令人沮丧的观点，即语言之外并无真正重要的事物存在["万事万物存在的目的就是被'写进书里'"（tout aboutit en un livre）]，而这一观点与但丁将世界想象为"一卷"书册有几分相通之处。但丁认为，人们可以将整个世界看成上帝活生生的圣言，并这样去解读它。人类获得经验可以被看作学会阅读和理解我们周边世界的过程。《神曲》是一部关于宇宙的作品，涵盖了所有书籍的不同主题，但它最为关心的还是诗歌和哲思。书中提到的广阔无垠的宇宙和传奇史诗等，都仅作为简单的事例被使用。

对但丁来说，万事万物都处于一种匀称调和的状态。地狱像一座巨大的倒置漏斗，分为地狱外围和九个陡峭且向下延伸的同心圆。前五个同心圆组成了地狱上层，而后四个组成了下层，其中遍布地穴、深坑、悬崖和沙丘。在地狱最深处那个离上帝最为遥远的地方，是"洞穿世界的恶虫"路西法以及撒旦的所在地。炼狱的所在地大

---

* 《天国篇》第三十三章，第85～87行。此引文有少许改动。

1984年伊塔洛·卡尔维诺在他位于巴黎的公寓中休憩。一年后，他因脑溢血去世，享年62岁。

概位于今日的澳大利亚，即欧洲的对跖点。但丁这名朝圣者诗人如同一名细心的工匠，将炼狱分为九层"平台"（cornice），每一层都代表着一种不同的受难方式。在第一层中，罪人们身负重石，这是他们为骄傲所带来的"重负"赎罪的象征。在代表嫉妒之罪的那一层中，罪人们的双眼被缝了起来：中世纪的人认为嫉妒是通过双眼进入思想的。

虽然《神曲》带着强烈的宗教目的，但它也暗含了对教会的反抗：诗中有6名教皇被投入地狱。此外，它还谴责了罗马教会那腐败不堪的宗教典礼和仪式，呼吁教会应该献出一千多年来积攒下来的财富，并停止干涉世俗事务（但丁是名激烈的反神权政治主义者，他认为政府事务不应由宗教领袖掌管）。在某种程度上，但丁将自己看成一名先知，前来用烈焰燃尽人们心中的罪孽，并引领意大利人民走上正道。在此时，但丁头脑中只想着自己。

* * *

《地狱篇》的开端，旅者但丁在一片哥特风格的幽暗森林中迷失了方向。我们不清楚但丁在森林中迷路了多久，但是这片森林的描写十分真实，仿佛触手可及一般，"荒野、艰险、难行"，使得单单只是回忆起它，就让但丁的心中充满了恐惧（paura）。万物都被笼罩在无边黑暗之中，毫无生气，迷路的诗人兼旅者伸手不见五指，迈不开步伐，他如同一名"被夺去了生命"（fuor di vita，该短语出自卡瓦尔堪提的一首十四行诗）的人那样前进。此时此刻，读者和但丁一起正身处一片危险重重的悲伤之地，只靠黎明前微暗的晨光和一点闪烁的月光勉强照明。如莎士比亚《泰特斯·安德洛尼克斯》中"冷酷无情，不闻不见"*的森林所带来的危险那样，但丁遇到的正是堕落的自然的象征，这种观念古已有之。但丁在这片可怕的森林中完全迷失了自我，毫无寻回自我或是被人发现的希望。重重包围着但丁的黑暗不仅暗示着他灵魂上、身体上的痛苦，还暗示了他在情感上的无知［在今天西印度群岛的某几种英语方言中，"黑暗"（dark）的含义还包括"愚蠢"和"无知"］。但丁深陷困惑，已经离开了"真理之路"（verace via）。一切希望都已离他远去，他现在是全世界最忧伤的人。

亚里士多德可能会把但丁的这种情绪称作"不节制"，因为他未能用理性主宰自己的欲望。在亚里士多德关于节制的伦理学理论中，道德的关键在于通过理性远离极端，选择一条折中的道路。但丁周围的树木仿佛对他不怀好意，其中居住着邪恶的精灵，时刻准备作恶，以上种种森林的景象是诗人内心的道德图景的象征。但丁瑟瑟发抖，内心充满罪恶感，此时甚至与神恩无缘。与本诗主旨相合的是，这片森林并无精确的地理位置，我们不清楚但丁是怎么到的那里，甚至但丁本人也对此一无所知。诗人知道的只是他已经令人悲伤地迷失了方向。几个世纪后，萨缪尔·贝克特笔下的莫洛伊将会在他昏暗局促的房间中承认："我不知道我是怎么到的那里。"并补充道，"我现在只想说完剩下的事情，向世界告别，然后死去。"但丁的情况也是如此：他希望借着创作《神曲》为他所有的作品加冕，

★　第二幕，第一场。译文引自《莎士比亚全集》第四卷，第532页，朱生豪等译，人民文学出版社，1994年版。

并在去世之前为自己的人生写下一份供词。在瘟疫或者其他大灾难降临中世纪晚期的欧洲时，男子的预期寿命是30岁，但丁已经35岁了，接近基督被钉上十字架的年纪。假如读者允许我使用一个年代错乱的名词的话，这片黑暗的森林也可能反映了诗人的中年危机。但丁已经过了人生的鼎盛期，下一步将去向哪里？什么时候出发？去做些什么？在《新生》中，但丁曾将自己比作"一名不知该选择哪条路"的人，10年之后，他对这个问题更没有头绪了。

　　森林中的这名男子既是佛罗伦萨前市民但丁·阿利吉耶里，也代表着普通世人。他正在讲述自己关于宗教苦修的理念，最终还将讨论人类获得救赎之途。他并不是一名英雄或行动派，而是在来自上天的力量推动下，才走上这段旅程。圣奥古斯丁在《忏悔录》中也采用了和但丁类似的手法，将自己描写为一名罪人，以及一个接受上帝启示的载体。但丁对这个暗影世界耳闻目睹的记载表现出一种对恶兆的笼统感受。E. M. 福斯特写于1903年的《一场惊慌失措的故事》（*The Story of a Panic*）也记载了这种感觉，故事中一群英国旅行者在拉维罗的栗子树林中经历了一场强烈的恐慌。希腊神话中的潘神是一个不怀好意的生物，他将恐惧吹进了这群旅行者的灵魂。但丁精神上的麻木在光芒消失的森林里倍增，他内心的黑暗比外界的阴森更可怕。直到此刻，但丁的一生都在贵尔弗和吉伯林之间的党争中，在贵尔弗内部黑白两党的互相仇视中，以及在其他已经陷入绝境的世俗事务中度过，看起来混乱无比。

在《神曲》开篇的第一章中，但丁迷失在了幽暗的森林之中。在古斯塔夫·多雷的插画中，我们仿佛可以看到可怕的阴影正在向诗人逼近。

要说明这座森林多么荒野、艰险、难行，

是一件多么困难的事啊！

只要一想起它，我就又觉得害怕。

它的苦和死相差无几。*

　　随着天色破晓，白昼来临，升起的太阳温暖了空气，光明充满了森林。但丁在前方看到了一座在阳光中发出灿烂光辉的山顶，因此鼓起勇气。此时，我们还不完全清楚这究竟是座什么山，但这一诗章那梦幻般的语调暗示它就是炼狱山：

我向上一望，

瞥见山肩已经披上了

指导世人走各条正路的行星的光辉。†

　　但丁正打算登上此山，希望借此逃离幽暗的森林，突然，一头豹子似的动物拦住了他的去路。中世纪，豹子象征着肉欲，而随后阻拦但丁的狮子和母狼则分别象征着骄傲和贪婪。这三头野兽将但丁逼回了森林中错综复杂的小径。因此，但丁在《神曲》中最先遭遇的不是人类：他唯一的人类旅伴只有自己。在但丁看似毫无逃脱的希望时，救星降临了。但丁的目光转向一个昏暗模糊的影子。这是幽灵吗？还是真正的人类？其实是维吉尔，古典时代至高无上的诗人，可但丁此时还不知晓。但丁以为的幽灵声音暗哑，因为他已

★《地狱篇》第一章，第4～7行。

†《地狱篇》第一章，第16～18行。

经沉默了整整13个世纪。

> 一个人影儿出现在眼前，
>
> 他似乎由于长久沉默而声音沙哑。
>
> 一见他在这荒野里，
>
> 我就向他喊道："可怜我吧，
>
> 不论你是什么，是鬼魂还是真人！"*

幽灵答道，他出生在基督诞生之前一个叫"sub Julio"的时代，即尤利乌斯·恺撒统治罗马期间。天国中的贝雅特丽齐派他前来拯救但丁，引导他走出这片黑暗，并帮助他了解人类出生在世间的目的。"帮助我逃脱它吧，著名的圣哲。"†但丁恳求道。但一名古典时期的拉丁文诗人又能帮他什么忙呢？维吉尔在信仰天主教的欧洲影响甚广。在维吉尔于公元前19年去世之后，《埃涅阿斯纪》流传开来，随即成为关于罗马起源的神话正典。在该诗中，维吉尔叙述了埃涅阿斯在希腊人攻陷特洛伊城后从那儿逃脱，经过多年的流浪漂泊，终于到达意大利，在拉丁姆（Latium）定居下来，而罗穆路斯和雷穆斯这对孪生兄弟将出生在这里，最终成为罗马城创始人的故事。后来，罗马又成了基督教和罗马天主教会的所在地。《埃涅阿斯纪》是一首对罗马及其赫赫武功的赞歌。但是，维吉尔对但丁和天主教世界的重要性还体现在另一个方面。

维吉尔在第四首《牧歌》（Eclogues）中预言了一个男婴的出生，

---

* 《地狱篇》第一章，第62 ~ 66行。

† 《地狱篇》第一章，第89行。

这个婴儿将拯救全世界，基督教学者们将这首诗的主题重新阐释为耶稣基督的诞生，以及对即将降临的弥赛亚的预言。

因此，维吉尔没有察觉到自己的基督徒身份*，他漂流在基督教的来世中，担任了但丁的向导，他将带领后者穿过那些被掩埋的生命和未被标记的神秘海岸。他俩是西方文学中最著名的一对人物，一同经历了穿越地狱的危险之旅，在旅途中，维吉尔向但丁讲授伦理学、意志力和人类易朽等相关话题。这段旅程对但丁和维吉尔两人来说都十分艰难。卡戎将他们摆渡过阿克隆河（Acheron，根据希腊神话，这条河位于冥界），他们刚进入地狱的第一层，维吉尔的脸色就突然变得煞白。但丁对维吉尔说他苍白的脸色一定是因为恐惧，维吉尔却回答说，怜悯之情才是他脸色变白的真正缘由。作为一名出生于"信奉虚妄假冒的神祇的时代"的非基督徒，维吉尔想到自己受诅咒的命运，不由自怜。因为维吉尔是名异教徒，他担任但丁的向导只能到炼狱为止。只有贝雅特丽齐（维吉尔称她为"一位比我更配去那里的灵魂"）才能成为但丁救赎之路上的带路人，并让他充分认识到自己拥有在善恶中做出抉择的自由。一名异教诗人陪伴基督教诗人走上探索来世之旅，这一点违背了中世纪基督教的所有习俗。但丁从一开始就下定决心要行惊世骇俗之举：今天，意大利人会称他为"一位令人不安的作者"（uno scrittore scomodo）。

但丁想让地狱、炼狱和天国三界变得对普通人来说触手可及，并带领他们一同踏上救赎之旅。地狱并不是头脑中的幻象。但丁想

---

* 作者此处可能指的是基督徒对《牧歌》第四首重新做的阐释，让维吉尔变得像是一名基督教的先知一般。

让他的读者在那些地狱中受苦受难的灵魂身上看到他们自己的影子，这些灵魂受到不同罪孽的折磨，将永远为他们凄惨的下场悲叹。据说，有些人对但丁的诗歌信以为真，在街上看到诗人时窃窃私语，称他不同寻常的深色皮肤正是前往冥界的证据。"看哪，那个男人曾去过地狱！"（Eccovi l'uom ch'è stato all'Inferno!）人们把但丁皮肤黝黑的原因归结为冥府狱火的灼烧。但丁笔下的地狱同我们所知的世界并无太大不同。伊塔洛·卡尔维诺认为，人们把但丁当成一名幻想作家的观点是错误的，在他的心目中，但丁是名写实主义者。"我不想发表和但丁有关的无稽之谈，"伊塔洛·卡尔维诺在1950年给文学批评家马里奥·莫塔的信中写道，"但是我认为，但丁根本不属于'地狱'，也不属于'天国'，他的关注点一直在尘世中的人类身上。"

《地狱篇》开头6个简单的字"在人生的中道"（cammin di nostra vita），将《地狱篇》和中世纪前的那些奇异的旅行文学作品区分开来。如今人们将这种文学称为描述"来世"（oltretomba）的文学，它们的后继者依然活跃。今天，以描写来世为主题的恐怖漫画在意大利全国各地的报刊亭都有售卖，向读者呈现了一个满是飞行魔怪、恶魔狂欢的异世界，这些景象和但丁笔下的幻想场景以及充满寓意的旅程并无太大差异，而但丁本人却试图和这些场景保持距离。重要的是，但丁并不仅仅为自己踏上旅途，通过阅读他的作品，人类的每一名成员都可以获得关于这个世界的知识。

但丁的旅程开始于耶稣受难日（周五）那天黎明之前，结束于一周后复活节那周的周四，正好与纪念耶稣受难的礼拜仪式相符。但丁的天才表现在于，他将"世人"寻求救赎之旅这一隐喻和耶稣受难并复活的神圣一周联系了起来。在《地狱篇》中，于1300年4月开始的那项宗教任务展示了基督最根本的许诺："信从我的，即使死了，仍要活着（《若望福音》11∶25）。"这也是对但丁口中《神曲》"神"在何处的部分解释。现代读者可能并不赞同但丁那基督教式的愿景，甚至会对此感到困惑不已，不可避免的是，《神曲》是一部属于罗马天主教传统的艺术作品，它体现了天主教信仰，并强调审视自身的良知，让人为错误忏悔，并改邪归正。

对那些沉迷于饮酒或滥用麻醉品的人来说，《神曲》为他们提供了一种改变生活的方式，以及伴随这种方式出现的一线希望。诗中绝大部分内容始终在天主教中流传，直至现代。天主教倡导，应毫不保留个人意志，服从于更高层次的力量（这股力量可能是，也可能不是基督教中的"上帝"）这一道德行为模式，而这一模式和现代那套共有12个步骤的精神康复计划相吻合。但丁写作《神曲》的目的很有可能是，甚至可以说，绝对是帮助自己以及所有需要帮助的人摆脱由生活困境所构成的狭窄而黑暗的监牢。在他写作的年代，宗教是社会的中心，人类所有的激情和利益都围绕着它运转。圣保罗给科林斯的教会写信，讲述他也有过的迷茫与彷徨，但他从自己的软弱中学会了要更加信赖并依靠基督（《哥林多后书》12∶9～10）。这封信让我们了解到，是弱点为他打开了通向上帝恩典的大门，让他从心灵危机中恢复过来。但丁的情况也是如此。《神曲》和所有伟大的宗教文学作品一样，讲述了一个皈依信仰的故事，又同所有皈依信仰的故事一样，《神曲》讲述的故事也很复杂。正如我们所见，但丁对贝雅特丽齐那未得回报的爱情令他无比衰弱，就连最轻微的冷漠评价都会让他陷入更深的绝望之中。他希望《神曲》可以帮助他从绝望中挣脱出来。对虔诚的天主教徒而言，但丁的皈依读来真实可信。在全诗的末尾，但丁将笔直地站立起来，整个人焕然一新。他将再次获得上帝的祝福，走上正确的道路。

随着但丁越来越深入地狱，他对刑罚的描写也越来越生动而令人厌恶。在被暴雨浸透的泥潭中，暴食者被迫吞下大量的淤泥，就像他们生前饕餮无度的样子一般。诗中那种令人恶心而昏暗的气氛在头脑中鲜活可感。腐败的银行家，欺骗爱情之人，玩忽职守的腐败领袖，未被赦免之人，懒惰之人，以及被逐出教会者，所有这些人或被处以烈焰焚身之刑，或被粪便淹没，或被浸在焦油池中。在维吉尔的全程陪伴下，但丁遭遇了头发是毒蛇的蛇形怪物*，号叫不休的裸体幽影，以及其他受到折磨的生物。但丁在描写异世界的恐怖的能力上无与伦比。对但丁来说，令人讨厌和恶心的事物的创造是刺激人前去寻求神恩和拯救的不可缺少的因素，这种追寻在《天国篇》中得以完成。与此同时，浑身散发出恶臭、身披长毛的撒旦，则在永夜的国度中受苦受难。

前往冥界之旅令西方人深深着迷，是西方幻想文学中出现得最为频繁的故事之一。在荷马《奥德赛》的第十一卷中，尤利西斯进入了亡者的国度。在那里，他召唤出了一大群幽灵，其中有他的一名未得到安葬的友人、他的老母亲，以及盲眼先知泰瑞西阿斯（T. S. 艾略特《荒原》中那名"有布满皱纹的女性乳房"的"年老的男

---

* 即三个复仇女神，出现在《地狱篇》第九章。

子"*）。荷马这部史诗创作于西方文学的黎明时期。《奥德赛》的第一个印刷版本直到1488年才在佛罗伦萨出版，那时距离但丁去世已经过了一个半世纪，因此但丁从未阅读过荷马的作品。他从拉丁文作家那里得知了尤利西斯的故事，这些作家包括西塞罗、塞涅卡、贺拉斯，以及最重要的罗马诗人奥维德，后者在《变形记》（*Metamorphoses*）中记载了这个故事。荷马对冥府的描写启发了维吉尔，而维吉尔对此的描写成为后世西方作家描述地狱时所使用的范本，但丁也是这些西方作家之一。

毫无疑问，但丁在尤利西斯身上看到了自己的影子。这名古希腊的航海家英雄在《炼狱篇》中被提到了两次，在《天国篇》中则被提到了至少一次，在这两部诗歌中有多处文字间接提及尤利西斯，而《地狱篇》中则有整整一章是关于他的。荷马用两个古希腊文单词"pollà plankte"，意思是"犯了很多错误的"，或是"被迫四处流浪的"，来形容他诗中这名四处漂泊的主人公，这可能就是但丁对尤利西斯感到如此亲近的原因。在荷马的史诗中，尤利西斯先是经历了长达10年的特洛伊战争，又经历了10年的漂泊无定，无时无刻不在思念着妻子珀涅罗珀，在经历了这一切考验之后，他终于回到了故乡伊萨卡。和尤利西斯一样，但丁经受了磨难重重的人性考验，忍受了孤独寂寞，之后才到达了彼岸。然而，在但丁笔下，尤利西斯讲述的自己最后一次出海，前往探索地中海西部边界（《地狱篇》第二十六章）的故事，在之前的文学作品中无例可循：这个故事是但

---

* 《荒原》，赵罗蕤译。译文引自《荒原：T. S. 艾略特诗选》，第52页，赵罗蕤、张子清等译，北京燕山出版社，2006年版。

丁自己创作的。尤利西斯没有回到故乡伊萨卡的妻儿身边，而是带着他旧船上的水手们向西南航行，越过赤道，驶进一片空旷的大洋。他们航行的路线一路向左，这是个不祥之兆。在《神曲》中，"左边"象征着"邪恶"：但丁在攀登炼狱山时，是向右行走的；而在他进入地狱深处时，走的是左边［根据我的经验，今天在意大利的酒吧和餐厅中，洗手间通常在"左后方"（in fondo a sinistra）］。尤利西斯的船再也未能靠岸。海洋吞没了他和水手们。由于尤利西斯嚣张跋扈地蔑视上帝，企图探索未知之地，前往未知世界的边际，但丁将他投入地狱中。求知欲是一种原罪吗？对但丁来说，对知识的热爱，即对认识和理解世界的渴望，是一种主宰了他的激情，也是人之所以为人的部分原因：《神曲》就是对这种激情的一场至高无上的赞颂。但是，《圣经》提醒着好奇的人们，不应该去探索禁忌的知识（"智慧越多，烦恼越多"）。身处地狱的尤利西斯的例子令我们不得不承认，求知的激情会带来危险。尤利西斯胆大妄为地品尝了知识之果，并将好奇心付诸行动，触犯了维护万物秩序的天条，他以身试法。阿尔弗雷德·丁尼生是但丁的崇拜者，他也重写了这个致命的漫游癖的故事，在诗中幻想了自大的尤利西斯是如何被野心所惑，梦想前往新的边境。丁尼生只是写这个主题的作者中的一员。彼得·布朗为奶油乐队迷幻风格的专辑《迪斯雷利齿轮》（Disraeli Gears）作词时，显然也知道尤利西斯因为在航行中离风暴太近而丧生的故事。在《勇敢的尤利西斯的故事》（Tales of Brave Ulysses）这首歌的主人公驶进危险的水域中时，歌手狂热地唱道："塞壬正在吟唱温柔的歌曲。"

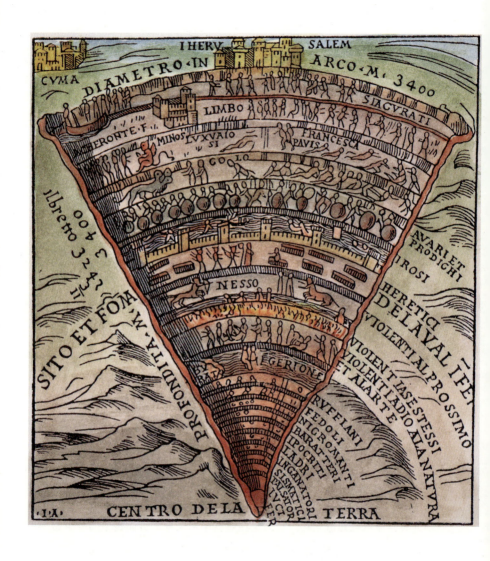

一张木刻的地狱示意图，取自一部16世纪早期于威尼斯出版的《神曲》。

rimaniã della pelle tucta brulla
Quellanima laffu cha magior pena
Diffel maeftro e guida fcariocto
chel capa dentro et fuoz legime mena
Segualtri due chanol capo difocto
quel che pende dal nero cieffo ebzuto
piedi come fi tozce et nõ fa mocto
Laltre caffio che par fi menbzuto
ma la nocte refurge et oramai
e da partir che tuctauen ueduto
Comallui piacquel collo la uinchiai
et el prefe del tenpo luogo et pofce
et qñ lali furna pertafiai
Apiglio fe ale uellutre cofce
Diuello inuello giu difcefe pofcia
tral folto pelo et le gelate cõfce
Quando noi fümo la doue la cofcia
fi uolgiappunto in ful groffo dellanche
lo ducha confaticha et con angofcia

在《地狱篇》第三十四章中，但丁和维吉尔正在观察背叛恩人之人的命运。该插图由普里阿摩·德拉·奎尔西亚于15世纪中期绘制。

但丁写作《地狱篇》的目的之一，是让自己可以幸灾乐祸地幻想如何向敌人施加报复。罪人们根据一种叫"一报还一报"（contrapasso）*的复仇法则被放置到合适的层级中。这种法则（来自拉丁文"contra"和"patior"，意为"忍受相反的东西"）根据但丁自己阐释的《圣经》中"以眼还眼"的法则得出。根据这种法则的规定，每一项罪恶都要受到与之相当的合适惩罚。在《地狱篇》第二十章中，冒牌占星学家和伪先知们被罚只能向后行走，因为他们的头被扭转了180度。但丁笔下残忍的"一报还一报"反映了这些人占卜术的扭曲本质和企图窥视未来的失败尝试，"他们……无法向前看"†，这里罪孽本身成了惩罚的方式，而这些罪人为了前进只好倒退着挪动脚步，双眼向下盯着自己的臀部。萨缪尔·贝克特读到但丁笔下倒退的罪人时大为惊奇，在他1956年的广播剧《一切沦落者》（All That Fall）中，主人公鲁尼先生宣布："现在让我们倒退着走一会儿吧，就像但丁笔下那些罪人那样反着来。"

佛罗伦萨人经常成为但丁严酷律法的承受者。但丁在《地狱篇》中遇到了79名失落的灵魂，其中有32人来自佛罗伦萨，11名来自托斯卡纳；《炼狱篇》中只有4名佛罗伦萨人；《天国篇》中，除了贝雅特丽齐之外，只有3名佛罗伦萨人。只根据这些数字来说，《地狱篇》就可算得上有史以来最反佛罗伦萨的书了。但丁明察秋毫的双眼决不放过任何一名有罪的佛罗伦萨人，虽然这些人浑身赤裸，令人同情，但他们看起来甚至还为自己的罪孽欢呼雀跃。但丁在地狱中见到了许多

---

* 田译本作"报应的法则"。《地狱篇》第二十八章，第142行。

† 《地狱篇》第二十章，第15行。

佛罗伦萨人，第一个是恰科，后者在自己的污秽物中心满意足地打滚（由于但丁的影响，他的名字成了佛罗伦萨俚语中"猪"一词）。

在《神曲》中，每当但丁见到一名佛罗伦萨人，他被流放这一令人痛苦的话题就难免被提起。诗中的故事发生在1300年，此时离但丁被流放还有几年，这一设定使诗中的亡者可以预见从当时到两年后，但丁被流放这段时间发生的所有事件，并让这种先知般的能力在读者心中留下深刻的印象。在《天国篇》第十七章中，他的高祖父卡洽圭达预见了但丁将在两年后的1302年被从佛罗伦萨放逐。

> 你将舍弃一切最珍爱的事物；
> 这是放逐之弓射出的第一箭。
> 你将尝到别人家的面包味道多么咸。
> 走上、走下别人家的楼梯，
> 路有多么艰难。

当但丁写下这些诗句时，他已经被放逐了整整15年；W. B. 叶芝在《我是你的主宰》一诗中，充满想象力地重构了这些诗行，不仅表达了但丁流浪各处的痛苦，还抒发了所有时空中无家可归的难民们的悲伤之情：

> 互相嘲笑着，被赶出家园
> 又登上了那部楼梯，咽下了那片苦涩的
> 面包……

但丁将会被迫去乞求果腹的面包，它们既昂贵，尝起来也非常苦涩。卡洽圭达也在警告他的后辈，那面包将会与但丁所习惯的不同，口感欠佳。就算在今天，由于托斯卡纳的面包中不含盐，在其他地区也很少有售。它名称的字面含义是"蠢蛋面包"（pane sciocco），最佳食用方式是抹上橄榄油吃，但丁在佛罗伦萨时也会这么吃。

* * *

爱德华·萨义德在他问世于1978年那本著名的《东方主义》中，认为但丁将"基督教西方"和"穆斯林东方"粗糙而简略地对立了起来。伊斯兰教在地理层面上和"东方"捆绑在了一起，成了人们因反阿拉伯和伊斯兰教而产生的恐惧情绪的发泄目标。这是真的吗？在但丁的年代，伊斯兰教不在黑暗遥远的东方，他们是基督教世界的近邻。我们知道：伊斯兰教是拜占庭帝国中一股活跃的力量；比萨的主城门之一以一位阿拉伯商人命名；佛罗伦萨圣母百花大教堂的建筑风格也受到阿拉伯影响。分别位于但丁故乡托斯卡纳西方和南方的西班牙和西西里，在一个世纪前都还处于穆斯林治下，所以中世纪晚期西班牙和西西里的宫廷不可避免地保留了许多穆斯林成员。在但丁的年代，天文学在本质上是一门属于阿拉伯人的科学。阿拉伯天文学家阿尔·法甘尼的作品极大地激发了但丁的想象。他的《天文学概述》（拉丁文名为 *Elementa Astronomica*）是但丁的天文学知识手册，提供了《天国篇》中对众行星描写的理论基础。对但丁而言，伊斯兰教根本不是某个含混杂糅的东方"他者"，反而与他十分贴近。

在《地狱篇》第二十八章中，先知穆罕默德并不是因为成立了伊斯兰教才受到惩罚，而是因为他"散布不和并制造分裂"。但丁认为，穆罕默德被追求世俗权力的欲望腐化。此外，穆罕默德背弃了"真正的信仰"，通过传播一部"新的律法"撕裂了基督教。但丁将伊斯兰教看作一种不圆满，或者说，出了差错的基督教。伊斯兰教先知及其堂弟阿里（他后来娶了穆罕默德的女儿法蒂玛）代表了分裂势力。在《地狱篇》中，阿里的脸被劈成两半，先知的躯干则"从下巴到放屁的地方被劈开"。如此，基督教会的撕裂在但丁那血腥的"一报还一报"中因对始作俑者的肉体刑罚而得到补偿，即分裂全人类之人自己的身体也被分裂。由于阿里在先知于公元632年去世后创立了什叶派，造成正统伊斯兰教内部的分裂，因此他也被投入地狱之中。阿里的所作所为分裂了穆斯林的哈里发帝国，还造成什叶派和逊尼派的对立。先知遭受的折磨实在惨不忍睹。他的伤口一旦自愈，就又会被魔鬼手中的长剑劈开。但丁使用的象征手法十分符合今天的实际情况，在中东地区，什叶派和逊尼派之间的冲突和暴力仇杀给当地人民带来了无穷无尽的苦难。

爱德华·萨义德看起来似乎并不想承认，所有的分裂者都在《地狱篇》第二十八章中接受惩罚，而不仅有先知和阿里两人而已。我们可以理解萨义德为何指责但丁。在但丁时代的基督教寓言书籍和诗歌中，穆斯林被描述为反叛基督教的原始民族。为但丁所熟知的中世纪法国史诗《罗兰之歌》（*Chanson de Roland*）中写道，穆斯林信奉由先知、希腊神祇阿波罗以及脾气暴躁的女神特马根组成的邪恶三位一体。在《天国篇》第十八章中，但丁那赫赫有名的先祖卡洽圭达（他在对基督徒来说堪称灾难的1147—1149年第二次十字军东征中死于耶路撒冷）将伊斯兰教的诞生归罪于"教皇们的过错"。这并不能让穆斯林，即但丁笔下"邪恶的人"（quella gente turpa）免于中伤之语。好斗的卡洽圭达或许是为了平衡贝雅特丽齐而存在，他代表了但丁眼中佛罗伦萨已经失去的美德：诚实、简朴和正直。卡洽圭达为了基督徒抵抗穆斯林大军的事业而献身，这一点为他获得进入天国并和其他圣者一同接受后人颂扬的机会起到了至关重要的作用。

在《地狱篇》第八章中，但丁接近了地狱下层的狄斯城。"狄斯"一词通常用作撒旦的姓名，在此处被想象为一座伊斯兰风格的要塞。远处，模模糊糊地出现在但丁视线中的是一大片发光的红色塔楼，它们长得就像威廉·巴勒斯1981年的小说《红色夜晚的城市》（*Cities of the Red Night*）中沙漠里的穆斯林塔楼那样（"整片北部的天空在夜晚被染成了红色……但丁的《地狱篇》"）。但丁称这些塔楼为"清真寺"（meschite），认为它们象征着异端邪说和虚假信仰。《神曲》中，"meschite"是唯一一个与伊斯兰教有关的、从阿拉伯语中借用的词，这一点毫不令人惊奇：十字军东征还鲜活地留存在但丁那代人的记忆中。在中世纪的基督徒们看来，清真寺里窝藏着一种顽固不化的错误信仰。

不管以上种种，但丁对伊斯兰教的贬损并非出自他的"东方主义"。正如我们所见，在西方，伊斯兰教在意大利半岛上有一段长久的文化交流史，并受到当地人的宽容对待。在西西里，阿拉伯文化的影响随处可见，其海港马尔萨拉（Marsala）之名就源自阿拉伯语"Mars-all-Allah"，即"安拉之港"（今天，与其伊斯兰传统相反的是，马尔萨拉以其强化酒闻名）。在神圣罗马帝国皇帝腓特烈二世位于巴勒莫的宫廷中，基督教徒和穆斯林的学识受到同样的欢迎。腓特烈二世的诗歌虽稍带几分做作的浮夸，却将普罗旺斯吟游诗人的爱情诗同阿拉伯-萨拉森式的温柔风格结合在了一起。贾科莫·达·伦蒂尼是腓特烈二世麾下的宫廷诗人之一，深受年轻时的但丁喜爱，他在《炼狱篇》第二十四章中以"公证人"之名被提及，因为他是名来自西西里卡塔尼亚城的律师。达·伦蒂尼的诗歌现存约40首，大部分以据说由他本人发明的十四行诗的格律写就。但丁不加掩饰地承认了达·伦蒂尼以及其他阿拉伯-西西里俗语诗人对自己的影响，例如丘罗·德·阿尔卡莫与里纳尔多·德·阿奎诺（但丁在《论俗语》中写道："我们的前辈诗人用俗语创作的诗歌被统称为西西里风格。"）。这些诗人代表了一种真正了解伊斯兰教，并仍对它充满好奇的传统，但丁继承了这一点。

但丁施在先知身上的刑罚虽然残酷无比，却并不意味着他轻视伊斯兰教这个整体。当时，欧洲的传奇文学作品中经常提到"Mahound"，而中古英语中"mawmet"的含义为"被人崇拜的偶像"（这两个词都是穆罕默德的变体，含贬损之意）。与之相反，但丁在《地狱篇》第四章中，将三位穆斯林名人加入了那些未受洗礼的正义之士的队伍。此外，14世纪的英国作家威廉·兰格伦在其诗作《农夫皮尔斯》（*Piers Plowman*）中，还有中世纪旅行家约翰·曼德维尔爵士在自己的作品中（其作品开始流传的时间大约比《神曲》

晚40年）也都表达了具有美德的非基督徒也可能获得救赎这一观点。但丁对这三位穆斯林的尊敬之情可能暗示了他对伊斯兰教和阿拉伯文化抱有一种隐秘的同情。他们是在地狱边缘的"林勃"相遇的，这个区域中居住着那些邪恶程度不足以下地狱，但善良程度又不足以上天堂的人。这三名穆斯林分别是：12世纪的库尔德人埃及苏丹萨拉丁，他于1187年战胜了十字军，并重新夺回了耶路撒冷；安达卢西亚哲学家阿威罗厄斯，他用阿拉伯文为亚里士多德的作品写就的注释是亚里士多德哲学得以在西方幸存下来的原因；阿维森纳，他也是中世纪穆斯林中知名的亚里士多德主义者。武士君主萨拉丁因仁慈地对待被俘的十字军战士而声名远扬，阿威罗厄斯和阿维森纳这两位哲学家是"具有很大权威"的学者，因此配得上"荣耀"（但丁使用了8次这个词来形容他们）。但丁之所以将这三名非基督徒置入林勃（与他喜爱的亚里士多德、荷马、奥维德以及维吉尔本人一起），是因为他不忍心将他们罚入地狱。他们没有受到任何身体上的折磨，内心也未遭受耻辱的煎熬。

《神曲》早期的注疏者声称，先知穆罕默德是一名背教的天主教红衣主教，在落选教皇之后，他建立了一个基督教的分支。但丁很可能也相信了这个中世纪传说。在维吉尔一如既往的陪伴下，但丁在见到经受折磨的先知时目瞪口呆，先知用双手将自己的胸膛掰开，好让但丁看清楚他的肠子已经垂到了两腿中间：

心、肝、脾、肺以及那个把咽下去的东西变成屎的脏口袋都露了出来。

我正定睛注视他时，他望着我，用手扯开他的胸膛，说：

"你看我怎样把自己撕开！你看穆罕默德被砍伤得多么厉害！

在我前面哭着走的是阿里，他的脸从下巴直到额发全被劈开……"

可以想见，此处但丁化用了伊斯兰教"开拓"（al-sharh）的传说，即真主用象征性的方式"打开"穆罕默德的胸膛，以在道德上净化后者，但丁却将它变成了一个狂欢般的恐怖场景。但丁可能知道，先知穆罕默德和贝雅特丽齐都在6月8日去世——如果他确实知道此事，这一巧合肯定会令他忧虑无比。

但丁和伊斯兰教的关系也令非穆斯林感到不安。1919年，著名的西班牙阿拉伯研究专家，罗马天主教神父米格尔·阿辛·帕拉修斯引发了一场骚动，因为他在著作《〈神曲〉中的穆斯林末世论》（*Muslim Eschatology in the Divine Comedy*）中声称，这位佛罗伦萨诗人不仅借用了穆斯林作品，还受到了伊斯兰教末世论传统的深厚影响。这部著作在意大利的但丁学家们中掀起了轩然大波，令他们大惊失色：帕拉修斯所坚持的"但丁受到伊斯兰教影响"的观点弱化了但丁作为欧洲基督徒的身份（十分明显的是，帕拉修斯的书直到1993年才在意大利出版，此时离西班牙语原版 *La éscatologia musulmana en la Divina Comedia* 问世已经过去74年）。根据帕拉修斯所说，但丁的诗歌是对穆罕默德一段夜间旅程的扩写，后者在公元620年先是游历了七重天国，再下到地狱深处。这段在阿拉伯语中被称为"夜行"和"升天"（Isra and Mi'raj）的旅程，被记载在《古兰经》中。然而，关于这段旅程的大部分细节都来自更晚时候关于先知的口头传说，即"圣训"（hadiths），以及于约11世纪用阿拉伯语创作的《升天之书》（*Kitab al-Miraj*）。大天使贾布里勒（Jibril，即加百利）促成了先知的夜间冒险之旅，他的有翼神兽布拉克（Buraq）将穆罕默德从麦加带到了"最遥远的清真寺"，大部分人认为这指的是耶路撒冷圣殿山的阿克萨清真寺。先知在耶路撒冷降落后，与贾布里勒一同登金梯升入天国。在天国的每一层中，穆罕默德都见到了不同的先知：首先是阿丹（亚当），然后是叶哈雅（施洗约翰）和尔撒（耶稣），再之后是优素福（Joseph，约瑟）、易德立斯（Idris，以诺）、哈伦（Aaron，亚伦）、穆萨（Moses，摩西）以及最后遇见的易卜拉欣（Abraham，亚伯拉罕）。在那之后，穆罕默德继续向上前进，最终和安拉进行了交流，随后又游历了地狱。

先知这趟神奇夜游中的许多方面确实和《神曲》的描写有相近之处。一名向导（贾布里勒）带着身为朝圣者的主角（穆罕默德）巡游来世。根据《升天之书》记载，地狱所处的位置就在耶路撒冷正下方。地狱之中，被折磨的灵魂发出的痛苦哀号无休无止。大批罪人不断涌入暗夜之中，而穿着裹尸布或躺在棺椁中的亡者们那毒蛇一般的眼神令穆罕默德动弹不得。与之相反，天国里有泉水、河流、净火，其亮度几乎超出了人的忍耐力。先知甚至访问了"制造分裂者"所居住的那部分地狱。但丁（明显以一种亵渎的态度）将

这幅作于16世纪中期的波斯微型画描绘了穆罕默德夜行和升天的场景。先知骑乘天马布拉克，周身环绕着天使。

穆罕默德所投入的，正是这样一个"制造分裂者"的泥潭。此外，《升天之书》还强调了翡翠、珍珠和金银等天国的奖赏，正如《天国篇》宣称天堂里有"红宝石"和"永恒之雨降到头上的快乐"（lo refrigerio de l'etterna ploia）那样。

不论如何，我们很难证明但丁真的借用了伊斯兰教的文本。我们确实知道的是，《升天之书》在13世纪中期由一名叫亚伯拉罕·"阿尔法基姆"（al-hakīm，即阿拉伯语中"医生"一词）的西班牙犹太人医生译成了卡斯蒂利亚语。后来，它的卡斯蒂利亚语版以《穆罕默德之梯》一名印刷出来（还算不上出版）。穆罕默德借着一道由光构成的金梯登上天国。借着这个已亡佚的卡斯蒂利亚语译本，在1260至1264年间，又出现了拉丁文译本 Liber scale Machometi 和古法语译本 Livre de l'eschiele Mahome。这两个译本都出自意大利律师兼诗人锡耶那的博纳文图拉之手，此人是卡斯蒂利亚国王阿方索十世门下的一名托斯卡纳吉伯林党被流放者。

但丁可能通过某些途径接触过博纳文图拉的拉丁语和古法语译本，其中最有可能的，是通过但丁的导师勃鲁内托·拉蒂尼，后者于1259至1260年在塞维利亚担任佛罗伦萨派往阿方索十世处的大使。阿方索以知识渊博著称，是位有文化的君主，曾鼓励开展将阿拉伯文著作翻译成卡斯蒂利亚俗语的工作。有可能拉蒂尼从阿方索十世口中得知了穆罕默德夜游的故事，然后又告诉了但丁，也有可能拉蒂尼给了但丁一本卡斯蒂利亚语版的《穆罕默德之梯》。

先知穆罕默德参观冥界。错误地谴责了伊斯兰教使者们的罪人被魔鬼用利剑穿透。该图来自《升天之书》的一部15世纪手稿。

我们确定，伊斯兰文化是通过安达卢西亚（穆斯林治下的西班牙）涌入意大利的。虽然但丁从未在伊斯兰化的西班牙居住过，而且（据我们所知）他并不会说阿拉伯语，可但丁的导师，勃鲁内托·拉蒂尼本人却积极投身到了阿拉伯－安达卢西亚相关的学术活动中去。1264年，拉蒂尼肯定到过科尔多瓦。接着，他很可能继续前往安达卢西亚的首府格拉纳达，该地红色的阿尔罕布拉宫（Kalat al-Hamra，意为"红色城堡"）马上就会建造完成。在格拉纳达，摩尔人－安达卢西亚风格的建筑有着雪松木做的屋顶和镶碧玉的拱门，令人回想起斐迪南国王和伊莎贝拉女王将穆斯林于15世纪晚期驱逐出西班牙之前的那段宗教宽容的岁月。拉蒂尼在中世纪伊比利亚居住的两年，正好也是伊斯兰教和基督教和平"共存"的时期。拉蒂尼的大本营设在塞维利亚，该地的阿尔摩哈德清真寺内饰光耀夺目，体现出室内空间的纯洁性，其马赛克镶片由黄金制成，这一切都给游客留下了极深的印象。该建筑具有几何学意义上的和谐之美，拉近了人和超验事物间的距离，是伊斯兰教探索永恒概念的伟大尝试。但丁《天国篇》中那些神圣的球形空间、闪亮的圆环和天堂中的玫瑰花，都来自以上同种一神教信仰体系。

　　拉蒂尼在阿方索国王位于塞维利亚的宫廷中施展的外交手腕并不能使他免受地狱之苦。在《地狱篇》第十五章中，拉蒂尼与其他"鸡奸者"一同身处地狱的第七层。拉蒂尼在一片巨大而毫无生机的沙漠中出现，头上还有火雨不停落下，这是逆反自然的象征：火通常向上燃烧。拉蒂尼在和但丁重逢前，已经在地狱中度过了6年。他永远都不能停下脚步，让双脚免于烈焰的灼烧。他欣喜地向他以前的学生致意（"多么奇怪呀！"），称但丁为"我的儿子"。拉蒂尼那父亲般的问候中没有一丝阴谋诡计，他的脸庞被空气中飘浮的热灰烧得漆黑，令但丁大惊失色：

> 当他把胳膊向我伸出时，
> 我定睛细看他的烧伤的脸，
> 那被烧得破了相的面孔并没
> 能够阻止我的眼力认出他来。*

这是《神曲》中最著名的几段相遇之一，但丁与导师勃鲁内托·拉蒂尼的重逢。T. S.艾略特在创作《四首四重奏》中《小吉丁》部分时就想到了这段。艾略特这首描述炼狱般苦难的诗歌用无韵的但丁式三韵句写就，其叙事背景为黄昏时分的伦敦一处刚遭遇德军轰炸的荒凉之地。该诗创作于1941至1942年间，当时伦敦以及其他英国城市频繁受到德军的袭击，整个英国的天空都被烈焰染红。艾略特曾经熟悉、体验和热爱的生活遭受着莫大威胁。该诗在一条挨了炸弹的街道（可能是克伦威尔路，艾略特当时在那里担任火灾警戒员）上飘浮的尘土中以及被烤干的地面上展开，阵阵恶臭从被烧毁的建筑物、烧黑的砖石堆以及尘土和沥青中飘散出来，这股味道在空气中久久不散：

> 在拂晓前难以确定的时刻
> 漫漫长夜接近终结

---

* 《地狱篇》第十五章，第25～28行。

又回到无终点的终点……[*]

随着艾略特沿着"寂静"的人行道择路而行，他遇见了一个在阴影中时而"行走"，时而"徘徊"的鬼魂般的陌生人。艾略特用审视的目光打量着这人的面孔。他意识到，他认识这个陌生人。艾略特遇见的这位是一名去世了很久（但是关于他的记忆依稀犹存）的"大师"。艾略特对着鬼魂叫出声来："啊！你在这里？"[†]这个片段和但丁在地狱中见到拉蒂尼的反应一模一样："您在这里吗，勃鲁内托先生？"（Siete voi qui, Ser Brunetto? 但丁此时使用了第二人称复数来称呼对方，这在古体中表示尊敬。）

据艾略特说，他遇见的伦敦鬼魂混合了叶芝、马拉美和斯威夫特的特征（弥尔顿似乎也在其中），这名鬼魂令人感怀事物的转瞬即逝，给人带来失落和忧伤。很可能艾略特打算在战争给文明带来的死亡和恐惧中寻求一丝意义。怀着这种心情，他看着这名面庞被烘焦得满是皱纹的幽灵渐渐消散在烟雾之中。

> 天色将近黎明。在支离破碎的街上
> 他离开了我，带着惜别的神情，
> 在汽笛声中消失了身影。[‡]

据推测，拉蒂尼犯下了同性恋之罪，他为此受到的惩罚令但丁

---

[*]　《小吉丁》，张子清译。译文引自《荒原：T. S. 艾略特诗选》，第170页，赵罗蕤、张子清等译，北京燕山出版社，2006年版。

[†]　本段中引文出自《小吉丁》，第170～171页。部分译文在原文中为意译，因此做了改动。

[‡]　《小吉丁》，第172页。

目不忍视。在中世纪基督教教义中，同性恋不属于不节制或者意志薄弱之罪（色欲则属于这一类），而是对自然犯下的罪过。出于对导师的尊敬和爱戴，但丁低下头感激地对拉蒂尼说，是后者教会了但丁"人怎样使自己永垂不朽"（l'uom s'etterna）*，这里指的应该是让作家的名声永垂不朽。如此高度的评价和拉蒂尼所受的惩罚形成了鲜明的对比，令人不安。这不是一次简单的师生相遇，而是一整代人和他们的精神导师的相遇。师生两人互相尊敬，彼此热爱。拉蒂尼在面对折磨时表现出来的那严厉而顺从的忍耐力在我们的眼中只会提升他品格的高贵，但丁在拉蒂尼那受挫的自豪感中看到了一种世间罕有的尊严。在拉蒂尼跑远，去重新加入在烧得通红的沙地上跑步的罪人队列时，但丁将他比作一名参加维罗纳越野赛跑的选手。罗伯特·洛威尔在他1967年的诗歌选集《大洋附近》（*Near the Ocean*）中翻译了《地狱篇》第十五章，向读者传达了拉蒂尼的自豪感：

随后他就掉头像那些参加维罗纳越野赛跑争夺绿布锦标的人似的往回跑，并且像其中的得胜者，而不像失败者。†

和尤利西斯相似，拉蒂尼既没有直截了当地遭到批判，看起来也没有犯下很严重的罪过（不管怎么说，他在跑步比赛中不是最后一名）。这种处理很难说是符合传统基督教教义的。但丁似乎想赋予拉蒂尼以灵魂启迪和治愈的恩典。在某种层面上，诗人和这名困苦

---

* 《地狱篇》第十五章，第85行。

† 《地狱篇》第十五章，第121～124行。作者原文使用了散文体，此处译文沿用了田译本。

不堪的地狱流浪者有着共通之处。

我还想补充一点，但丁在描写地狱第七层中的鸡奸者们时，并没有展示他们色情淫秽的一面。拉蒂尼真的犯下了这种罪吗？还是说，这只是我们自己的猜想而已？拉蒂尼曾公开宣示，同性恋是"违反自然"的行为。《地狱篇》这一章并未给他定下重罪，可是但丁确实撞见他跟一群同性恋者在一起。但丁年代的佛罗伦萨可能以好男色之风而闻名（到16世纪早期，有本德语词典中给"佛罗伦萨人"下的定义是"同性恋者"），可是并没有证据表明拉蒂尼做出了被教会谴责的同性恋行为。我们只能猜测，某种意志或理性上的失败导致拉蒂尼背离了人的自然属性。也许拉蒂尼未能在死前忏悔，因为如果他真忏悔了的话，应该可以接受上帝的神恩，在炼狱中燃尽罪恶之后进入天国。在但丁的作品中，罪恶经常模棱两可，具有多面性，罪人也可以具有美德。于1293年去世的拉蒂尼证明了这种道德上的模糊性。

圭多·卡瓦尔堪提这个重要角色在《地狱篇》中没有出现，但是无论如何，关于他的记忆都同一团乌云般笼罩在第十章里。《地狱篇》中提到并讨论了两位诗人，卡瓦尔堪提就是其中之一——这也算是一种负面的特权吧（另一位是第二十八章中的12世纪吟游诗人贝尔特朗·德·鲍恩）。在他的父亲卡瓦尔堪台·德·卡瓦尔堪提口中，卡瓦尔堪提在狄斯城外围属于异端分子，在伊壁鸠鲁派的烈焰中受苦。伊壁鸠鲁主义在佛罗伦萨的吉伯林党中很流行，但是这门古希腊哲学暗藏危险。伊壁鸠鲁否认灵魂不灭：人死之后不再有来世（死亡只是睡着然后不再醒来），因此，人在现世必须及时行乐。但丁似乎想把伊壁鸠鲁派打入地狱。按理说，此时诗人"圭多"不可能已经在地狱之中，因为他在《神曲》设定的背景时间，即1300年，4月复活节那一周的4个月后才去世。然而，此时他一只脚已经踏进了冥界，而且但丁在提及他时已经知晓了他未来的命运。诗中那些将会发生的事件，在现实中已经发生了。

维吉尔陪伴着但丁在一片遍布燃烧石棺的巨大墓地中小心前进，这些石棺是异端分子的居所。这些坟墓暂时敞开着，在末日审判之后将被永久封上。一名浑身浴火的异端分子听出了但丁的托斯卡纳口音。但丁对此感到害怕，但维吉尔却鼓励他靠近那座坟墓。这个异端分子正是法利那塔·德·乌伯尔蒂，一位托斯卡纳吉伯林党领袖、但丁的政敌。如同对基督复生的戏仿，法利那塔在坟墓的烈焰中站直了身体：这些火焰让人想起处死异端分子时使用的火刑柱。他的仪态充满尊严、令人敬畏，暗示着他对自己被诅咒的命运十分恼火。法利那塔的声音中带着不屑，和但丁争论起了贵尔弗党和吉伯林党的争斗，但丁获得了这场辩论的胜利，指出贵尔弗党最终将吉伯林党驱离了佛罗伦萨。

另一个鬼魂从同一口无盖石棺中升起，打断了法利那塔的谈话。新加入的就是卡瓦尔堪台·德·卡瓦尔堪提，他和他的儿子——诗人圭多一样，都被怀疑是无神论者。他焦急地向四周巡视了一圈，好像在寻找什么人，然后哭泣着询问但丁："我儿子在哪里？他为什

下页图
这幅由威廉·布莱克绘制的水彩画描绘了《地狱篇》第十章中的场景，即但丁与法利那塔·德·乌伯尔蒂（站在火焰中）和诗人圭多·卡瓦尔堪提之父——卡瓦尔堪台·德·卡瓦尔堪提的会面。维吉尔在画面左侧。

么没和你在一起？"（mio figlio ov'è? e perché non è teco?*意大利语原文中重复的元音"e"表现出一种尖声尖气的悲鸣腔调，精彩地模仿了一名牢骚满腹的老人的说话方式。）那么，为什么圭多没有在但丁身边呢？

但丁回答道：

> 我不是凭自己来的，
> 在那边等着的那个人引导我走过这里，
> 或许能到达您的圭多曾不屑去见的人面前。†

换句话说，维吉尔将把但丁带往贝雅特丽齐处，而后者又会带领但丁前往圭多"不屑去见"的天国的上帝那里。这段话似乎暗示着，但丁和圭多因宗教观念上的分歧而分道扬镳，但是令老人卡瓦尔堪台绝望的并不是宗教因素，而是一个简单的句法问题。他对但丁高声喊道：

> "怎么，你说'他曾'？他已经不在人世吗？
> 甜蜜的阳光不照射他的眼睛了吗？"‡

但丁在使用过去时"曾"（ebbe）时并没有想到这句话还有一层暗示——圭多已死。卡瓦尔堪台丧失了一切希望，重新缩回了坟墓中，再也不发出一丝声响。之后，法利那塔又继续和但丁对话，向

---

* 《地狱篇》第十章，第60行。
† 《地狱篇》第十章，第61～63行。
‡ 《地狱篇》第十章，第67～69行。

后者做出了包括但丁即将从佛罗伦萨被流放在内的预言。虽然法利那塔是圭多·卡瓦尔堪提的岳父，但他对诗人的命运毫无兴趣。相反，他向但丁解释了为何包括他在内的伊壁鸠鲁主义者能够预见未来，却对当下一无所知。可怕的是，卡瓦尔堪台确实能预见未来，而在那个未来中，他的儿子圭多死了；然而，圭多此时还活着。19世纪的托斯卡纳学者伊西多洛·德·伦戈确定了圭多·卡瓦尔堪提的准确死亡日期：1300年8月29日，即《神曲》书中事件结束16周后。卡瓦尔堪台的痛苦在于，他知道他儿子还活着的过去，但无从了解儿子的现在。每时每刻，他都因为不清楚儿子的命运而遭受折磨。

这一章充满戏剧张力，声名赫赫是理所当然，它令安东尼奥·葛兰西魂牵梦萦长达20多年。葛兰西是位来自撒丁尼亚的马克思主义理论家，他在第一次世界大战前的都灵度过了学生岁月，在那时他学习了但丁的著作，并直到20世纪30年代早期都在继续他的研究。那时，他在被法西斯主义者控制的各处诊所和监狱中努力写作札记和书信。1926年，在葛兰西35岁时，他作为意大利共产党领袖被法西斯警察逮捕。他失去了视力，但政治信念却没有丝毫动摇，他在监禁中经历了一段地狱般的旅程。为了证明自己依然活着，而不是陷在一片幽暗的森林之中，葛兰西写下了满满33本关于其思想的概述。在《地狱篇》第十章中，但丁将地狱比作一座"黑暗的牢狱"（cieco carcere）。卡瓦尔堪台受到的折磨包含对眼前一切事物的盲目和对未来的"清晰可见"（葛兰西如是说），其形式实在是明确而独特。

葛兰西关于《地狱篇》第十章的论文长达15页，包含在他死后出版的《狱中札记》中。*这篇论文为更深层次地分析墨索里尼统治下意大利的那种政治盲目性提供了一块跳板。葛兰西讨厌法西斯治下的但丁研究带有的枯燥学究气，他怒斥了众多所谓学者（称他们为"流氓知识分子"）显而易见的无能。这篇论文以对老人卡瓦尔堪台的道德同情著称，可以想见，后者对儿子圭多的"父爱"（tenerezza paterna）拨动了同为父亲的葛兰西的心弦。在卡瓦尔堪台错误地认为儿子圭多已死之前，他深受疑惑和不安的折磨，这种感情深深打动了葛兰西。根据葛兰西的解读，对卡瓦尔堪台的惩罚属于欧洲一个"重大"的历史时刻，在那时，先知、占卜师、魔术师、算命师、预言者以及其他拥有预知能力的人都同女巫一样受到惩罚，他们经常被处以盲眼之刑。这些人究其一生都为了探究人类事务的意义而看向了错误的方向，现在他们只能在地狱之中为自己的过错顾影自怜。

葛兰西于1937年4月27日去世，参与审判他的公诉人曾说："我们必须让这个人的头脑有20年不能工作。"墨索里尼的法西斯政权认为，葛兰西对国家构成了威胁。葛兰西的墓址选得十分妥当，他被安葬在罗马的英国人墓园†，几座墓碑之外就是浪漫主义者兼早期社会主义者、"红色"诗人、但丁诗歌最优秀的英文译者珀西·比

---

* 这篇论文并未被选入《狱中札记》的中译节选本。

† 又称新教徒墓园，但这一惯用译名其实并不准确，因为还有其他不同信仰的人也安葬于此。

哲学家兼伟大的意大利马克思主义理论家
安东尼奥·葛兰西的肖像照，摄于1916年。

希·雪莱的安息之处。和但丁遇见卡瓦尔堪台的那片燃烧着熊熊烈焰的埋骨地完全不同，这片长满银莲花的墓园令人慵懒困倦，假如周边没有翠柏和蝉鸣，简直像是一座英格兰乡间的墓园。"想到能埋葬在这种优雅的地方，"雪莱曾如此宣称道，"人们会觉得死也是很值得向往的。"*

---

* 语出《阿童尼》(*Adonais*)前记，译文引自《雪莱抒情诗选》，第271页，查良铮译，人民文学出版社，1958年10月第1版。在这首诗中雪莱寄托了对济慈的哀思。引文来自雪莱对济慈墓地的描写，巧合的是，雪莱身故之后，墓地也设在英国人墓园。

* * * * * *

净化

每一个生灵都将被净化。

——克里斯托弗·马洛，

《浮士德博士》（*Dr Faustus*）

兄弟，慢一点儿，别走那么快

你只要慢慢来就好

我们会到达目的地的

只要一直在路上就好

——"冠军杰克"杜普雷，

《到处溜达》（*Strollin'*）

在《地狱篇》的末尾，但丁和维吉尔踩着撒旦的身体向下爬，越过他散发出恶臭的巨大双脚，进入一条隧道，借此他们将进入炼狱这个中间地带，最终抵达天国。但丁在到达炼狱这个属于忏悔和再生的场所之前，已经见证了人类罪恶的所有表现形式。如果说《地狱篇》的幽暗森林代表了但丁在贝雅特丽齐去世后陷入了罪恶境地，那么，《炼狱篇》则象征着他在生活中努力在道德层面实现的完美状态。

但丁在复活节那个周日的黎明时分进入炼狱，当时的空气清新无比，草地葱绿，天空宁静，生机勃勃。但丁已经把地狱国度的污秽和恐惧彻底抛在了身后，正要向"比较平静的水上"（migliori acque）航行。《圣经》中并未提到炼狱，可中世纪的意大利人普遍相信，炼狱就在西西里的埃特纳火山顶上。但丁可能是参考了这种地貌描述，才将炼狱想象为一座圆锥形的巨大山峰，在海洋中高高耸立，直入云霄，在阳光的照耀中通往上帝处。这种对炼狱的设想和当时大部分传统都不一样。中世纪的作者常把炼狱这个托尔金式的中央王国想象成一个地下世界，总是位于深不见底的洞穴之中。然而，对但丁而言，炼狱是人世和天国之间的中转站，通过它能到达天堂，获得上帝的恩典。但丁和他的向导维吉尔到达了炼狱山的海岸，作者描写此处风景时使用了浪漫主义那忧郁感伤的口吻，雪莱对这种风格大加称赞。

> 我们随后就来到荒僻的海岸上，
>
> 这海岸从未见过任何航行于
>
> 它的海域、后来能生还的人。*

当但丁正站在炼狱山所处的那个岛的海岸上时，一道从海面上反射过来的白光令他目眩神迷：

> 为了问我的向导，
>
> 我的眼睛离开了它片刻，
>
> 当我再看到它时，
>
> 它已经变得更亮更大。†

这道亮光就像阿尔蒂尔·兰波《醉舟》一诗中渗满"群星的乳汁"的"如诗的海面"‡一般闪烁。它来自一位天使，而他正在使用鼓动的双翼推动一艘小舟前进，舟中是已经得到了救赎的灵魂。但

---

* 《炼狱篇》第一章，第130～132行。

† 《炼狱篇》第二章，第19～21行。

‡ 《醉舟》，译文摘自《兰波作品全集》，第137页，王以培译，东方出版社，2000年3月第1版。

丁在写作《炼狱篇》时的创造力可谓惊人。从荷马到兰波，再到J. G. 巴拉德，伟大文学作品的功用之一始终是描绘真实可信的"异世界"。巴拉德在他1962年的小说《被淹没的世界》(*The Drowned World*)中，将伦敦变成了一片冒着泡的丛林沼泽地；之后，在《水晶世界》(*The Crystal World*)中，他描绘了一个变成亚热带水晶森林的世界。巴拉德使用的意象迷幻而富有条理，还略带古怪，颇有但丁的神韵。《炼狱篇》以其充满想象力的怪异特性著称，但丁在写作时如同一名对一切新鲜事物都充满好奇心的异乡来客。在整卷诗的伊始，读者就已经身处一个异世国度之中。"东方"蓝宝石般的色彩将炼狱山的岩架或平台（但丁称它们为"cornice"）凸显出来。在炼狱山的山巅坐落着地上乐园，那是一个充满魅力、气候温和的场所，中间有水晶般的溪流淌过。

在某种意义上，《炼狱篇》也是一部旅行文学。但丁此时已经穿越了地狱这个恐怖地带，就像乔叟和团队中其他朝圣者即将在一名吵闹的旅店老板带领下，完成从伦敦到坎特伯雷（这段路稍微好走一些）的朝圣之旅一样。应景的是，"peregrinus"在中世纪词义为"朝圣者"或"旅行者"，而在古典拉丁文中表示"被流放者"或"异乡人"。但丁将地狱展示为一片流放者之地，在那里，阴森恐怖的暗夜笼罩在所有人头上。地狱的居民渴望回到被光明照亮的世界，却无法逃离熊熊的烈焰和恶臭的深坑。地狱是上帝不在场之处，根据但丁严厉的道德准则，罪恶的代价是被监禁。

炼狱中的居民全凭忏悔才得以摆脱被打入地狱的命运。在炼狱外围的山脚下，是忏悔得太晚或者在教会之外死去的灵魂。他们的苦痛（要等上"30倍"于其在尘世放荡无度地生活的时间，才可以开始净化的过程），也许看起来和地狱中那些人所经受的一样悲惨，但他们心甘情愿地承受着，因为苦难是获得救赎的途径。在中世纪人看来，炼狱是一座时间有限的地狱，在此人们可以靠忍受一系列痛苦的折磨来净化罪恶的污迹。在临终时及时向上帝忏悔的人会唱着《求主垂怜》（Miserere Domine）祈求上帝的原谅。这些人中包括曼夫烈德，他是西西里王腓特烈二世的私生子，以及吉伯林党将军波恩康特·达·蒙泰菲尔特罗，这个坏人在临死前进行了真诚的忏悔。

在《炼狱篇》中，但丁自己也是忏悔者的一员。他净化了身上的错误欲望，或者更确切地说，是错误的欲望和行为在他身上残存的痕迹。但丁可能是在说，或许我们在看到光明之前，都需要前往黑暗的地穴。这部诗中众多的灵魂都在互相学习，在更加深刻地了解自己、认识自己的过程中成长，还重新发现了人类获得幸福的能力。在我们读诗的过程中，可以体会到这些灵魂正在发生变化。但丁并不认为罪恶是一种无法根除的痼疾，相反，它是一种对爱的错误理解或扭曲，因此，忏悔者们的变化是命中注定的。重要的是，这些灵魂帮助但丁进行自己精神和身体上的复健工作。他们将彼此视作一个集体、一个团队，他们一同忍受痛苦、进行祈祷并放声歌唱（相反，地狱中就没有集体的观念，只有一片糟糕透顶、无边无际、毫无救赎希望的莫名的混沌）。炼狱中的社交行为是尘世生活应当效仿的典范，在这里，人们的行为是生者理应效法的准则。

此时，但丁仍然受到过去罪孽（当然还有佛罗伦萨混乱的道德状况）的深深困扰，他跟随维吉尔穿过一片荒凉的平原，"如同正在返回迷失的路上的人"。*从外表上看，《炼狱篇》是全诗中最具哲学意味的一部。在此篇中，维吉尔讨论了美德（virtù，道德意义上的美德）的本质，以及身体和灵魂的关系；诗人既引用了《圣经》，也援引了亚里士多德、柏拉图和阿奎那的著作。诗中角色对祈祷的效力和爱的本质都进行了正式而准确的讨论。奇怪的是，《炼狱篇》同时也充满了人性的光辉。在炼狱山的山脚下，维吉尔用晨露（在《圣经》中象征神圣的慈悲）清洗了但丁的面颊。《炼狱篇》中还有很多场景出现了类似的情况，给诗歌带来了一种近乎家庭般的温情，这是一种我们在日常生活中熟悉的情感。随着但丁拾级而上，不断攀升，一种为往事忏悔、祈求精神上的提升的气氛变得越发浓烈。正如但丁的作品一如既往表达的那样，原罪和罪恶是由糟糕的判断力导致的。这种基于人类经验的观点至少为道德上的尽善尽美，或者用神学的术语讲，为"治愈的恩典"（gratia sanans）留下了余地。但丁花了整整3天才爬到山顶。

但丁在攀登炼狱山的途中，将学会如何使"弯路"变直，以及如何消除"从尘世带来的烟雾"（la caligine del mondo）。这段旅程是回归贝雅特丽齐之旅，但丁对她的热烈爱情曾使自己痛苦万分，在这种爱情终于消退之后，贝雅特丽齐给予但丁的是道德和精神上的安慰，这正是但丁要找回的。在第九章中，但丁在进入炼狱的本部后，他的额头就被一位手持出鞘宝剑的天使刻上了7个"P"字母。在拉丁文中，"peccatum"一词的含义为"罪"。但丁每走完一个平台，他身上

★《炼狱篇》第一章，第119行。

的七大罪（"罪"的意大利文为"peccati"）就会被逐一消除。随着但丁为之忏悔的七大罪，即妒忌、暴食、贪婪、色欲、骄傲、懒惰和暴怒逐渐被净化，他向上攀爬也变得越来越容易。天使用圣彼得的金、银两把钥匙打开了炼狱大门，随着大门开启，但丁听到了来自天国的圣歌合唱：上帝呀，我们赞美你（Te Deum Laudamus）。

中世纪的吟游诗人索尔戴罗·达·戈伊托（罗伯特·勃朗宁诗歌《索尔戴罗》的主人公）是在炼狱最底部的灵魂之一。*出生于曼图阿的索尔戴罗陪伴但丁和维吉尔走到山坡上一个浅浅的山谷，在那里度过了炼狱中的第一夜。攀登炼狱山的步伐等到夜幕降临时就必须停止，因为那时上帝的恩典（以阳光的形式出现）会暂时消失。在攀登炼狱山的旅途（"travel"来自法语词"travail"，意为"苦工"或"赎罪"）中，但丁遇见了另外两位方言诗人，分别是"温柔的新体"创始人之一圭多·圭尼采里，以及年代与索尔戴罗相近的普罗旺斯诗人阿尔诺·丹尼埃尔。他们生前犯下了淫邪之罪，正在炼狱属于该罪的那层平台上净化自我（奇怪的是，对中世纪的人来说，色欲是最轻的罪过）。阿尔诺用典雅的普罗旺斯语对但丁说话——这是整部《神曲》中唯一的一处非意大利人用母语讲话。圭尼采里承认阿尔诺在诗歌技艺上更高一筹，称他为"使用母语更佳的工匠"（il miglior fabbro del parlar materno）†。6个世纪后，T. S. 艾略特在《荒原》的引言中借用了此句，以纪念埃兹拉·庞德。

在第二十七章中，但丁自己也必须穿过净化淫邪者的烈焰。用

★　索尔戴罗出现在《炼狱篇》第六章至第八章。注意此时但丁还未进入炼狱本部。

†　《炼狱篇》第二十六章，第117行。

火净化是《圣经》中一个常见的意象："他像炼金者用的炉火。"之后，但丁度过了他在炼狱山上的第三晚，也是最后一晚。这一章已经带有一丝《天国篇》的气质。我们已经跟着但丁离开了"惩罚的舞台"（T. S. 艾略特如是说）和幽暗迷茫的花花世界。令人好奇的是，就在这个时候，维吉尔离但丁而去了，这令后者不知所措。维吉尔踏上回归林勃（信仰异教的灵魂的居所）之旅前，对但丁说：

> 不要再期待我说话、示意了；
>
> 你的意志已经自由、正直、健全，
>
> 不照其所欲而行就是错误；
>
> 因此我给你加王冠和法冠宣告你为你自己的主宰。[*]

不久之后，但丁发现自己正身处一片"圣林"（divina foresta）之中，它那超自然的小溪和雨水与一周前但丁旅程开始时的那片幽暗森林中不为人知的危险形成了鲜明的对比。在但丁的年代，"树林"（foresta）和"森林"（selva）在词义上不可互换。[†]"森林"是一片荒野，会给人带来黑暗而超自然的恐惧；"树林"则相反，是一个由人类精心培育的空间，词源是拉丁文"foris"，意为"户外"或"外边"，但丁笔下的"树林"是一座怡人的户外花园。事实上，我们现在正身处地上乐园之中，即《圣经》中的伊甸园。如果我们回顾前文，就会发现但丁到达的正是他曾试图攀登的那座"令人喜悦的山"

---

[*] 《炼狱篇》第二十七章，第139～142行。

[†] 这种词义上的差别很难在中文中体现出来。田译本并没有突出这两者的区别，都译成了"森林"。译者在此为了区分两者，将"foresta"译成了"树林"。

（dilettoso monte），当时他被豹子、母狼和狮子拦住了去路。现在，在炼狱山巅，他遇见了年轻女子玛苔尔达 [Matelda，她的名字在英语中通常被错译为"玛蒂尔达"（Matilda）]，后者短暂地接过了曾属于维吉尔的向导角色，这预示着贝雅特丽齐的降临。玛苔尔达姿容秀丽，是尘世完美道德的化身（和《新生》中的贝雅特丽齐一样），与"五月的丰饶"有着紧密的联系，代表了万物的复兴。如同黄金时代的牧羊女一般，她无忧无虑地一边歌唱一边采摘鲜花，但她与但丁之间有一条河流相隔，彼此可望而不可即。这条河由古典神话中的忘川勒特河（Lethe），以及由但丁自己想象的亡者国度中的第五条河流欧诺埃河（Eunoe）†共同构成。勒特河向右流淌，欧诺埃河则向左。

但丁与玛苔尔达就该地的特性交谈了一番，之后，他们目睹了一场"神圣的游行"。游行中的人物分别代表十诫、天主教《旧约》的四十六卷，以及圣灵的七种恩赐，他们在河对岸庄严地前进。队列后方是象征教会的凯旋车，拉车的是一只半鹰半狮的格利丰（gryphon），它象征着耶稣半神半人的双重天性。车两侧是代表各种神学和道德美德的女性人物。身穿红色长袍和绿色披风的贝雅特丽齐就坐在车上，在批评家查尔斯·威廉姆斯那令人印象深刻的评论中，她是但丁的"神像"。

但丁凭着血液中奇异的不安之情，而非通过视觉，明白了这位女士究竟是何方神圣。这场会面十分令人震惊，让人毫无防备。但丁已经有 10 年没见贝雅特丽齐了，我们或许会猜想，他们的重逢将充满

★　她的名字直到《炼狱篇》末尾才被揭晓。

†　含义为"记忆善心的河"。

喜悦，但事实正好相反。在这个激动人心的时刻，她开始向环绕周身的天使们解释，为何她需要严厉对待但丁。此处的贝雅特丽齐是名果断无比，甚至心怀妒忌的女子，与启发了拉斐尔前派艺术家兼诗人丹特·加布里埃尔·罗赛蒂创作出《贝娅塔·贝雅特丽齐》那个版本的贝雅特丽齐截然不同，那幅画描绘的是位泪眼婆娑的女子。关于贝雅特丽齐凶狠斥责但丁的理由，诗中语焉不详，但最有可能的是因为后者的不忠。贝雅特丽齐在她那短暂的一生中让但丁保持着正确的前进方向，可是他却懦弱地抛弃了她，自甘堕落，甚至为此将自己置于绝境。贝雅特丽齐尖刻地嘲讽但丁，称他曾经"倾心于别人"，这个"别人"可能就是在《新生》中给了但丁安慰的"贤淑的女郎"。贝雅特丽齐责骂但丁时颇有女王风范，就像母亲批评自己的儿子一般。

> 你怎么认为你配来到这山上？
> 你不知道人在这里是幸福的吗？ *

虽然但丁深感羞耻和困惑，但他仍然鼓足勇气开了口。

> 我哭着说："您的容颜一隐没，
> 眼前的事物就以它们的虚伪的美，
> 把我的脚步引上了歧途。"†

---

* 《炼狱篇》第三十章，第74～75行。

† 《炼狱篇》第三十一章，第34～36行。

下页图
《但丁与贝雅特丽齐在炼狱中相见》，由佛罗伦萨画家安德里亚·皮耶里尼于1853年创作。为贝雅特丽齐拉车的是一只格利丰。

难道这么简单就完事了吗？贝雅特丽齐继续谴责着这个靠不住的负心汉。但丁等待"少女或者其他只能享受短暂时间的虚妄的事物"*之举难道真的明智吗？†但丁的自私自利摧毁了他身上仅存的一丝荣耀。贝雅特丽齐那严苛而毫无掩饰之意的不满激励着但丁不再自怜自艾。他走近勒特河岸时，听到了来自《旧约·圣咏集》第五十一篇中的几个词，神父们把这节诗用在罪人忏悔之后的赎罪仪式中。这几个词是："求你（以牛膝草）洒我，（使我皎洁）。"如同一场洗礼仪式一般，但丁随后被浸没在勒特河中，然后回忆起他在尘世中行过的为数不多的几件善事。靠近贝雅特丽齐之后，但丁在她的双眸之中看到了格利丰的映像。贝雅特丽齐在炼狱山巅的出现暗示着，将但丁送上这段旅程是让他从一事无成的人生和对自私自利的沉迷中获得解救的唯一途径，这段旅程现在已经过半。现在，但丁这位朝圣者必须回到那个"乾坤倒错"的俗世，并向世人讲述他的所见所闻，以让他们获得道德上的裨益。

　　但是，在那之前，但丁必须继续向上，踏入光明的领域。

★ 《炼狱篇》第三十一章，第59～60行。

† 事实上，在但丁承认了自己的罪孽之后，贝雅特丽齐的态度已经有所软化。

* * * * * *

在光明的领域

去天堂！

我不知道什么时候——

请不要问我怎样！

——艾米丽·狄金森，《去天堂！》（*Going to Heaven!*）

我还能在神圣的领域待多久？

——泰德·贝里根，十四行诗之二

　　但丁在炼狱山巅与贝雅特丽齐重聚之后，随时"准备上升到群星"。他凭借着自己的肉体游历了天国，逐一到达天穹中诸多实心天体（星球），包括月球、水星、金星、太阳、火星、木星和土星。但丁在上升的过程中，大部分时候都有贝雅特丽齐陪伴身边，她愉快地微笑着向但丁解释。因为他已经免除了罪孽的"障碍"，所以这种向上飞升的状态完全正常。但丁一进入土星，首先映入眼帘的是雅各波梦中的梯子（Jacob's ladder），它一直通向天国的最高层，即净火天（the Empyrean），位于中世纪宇宙图景的顶端。在火星上，但丁见到了他的高祖父卡洽圭达；在原动天中，他见到了《圣经》中的亚当。这些场景几乎都带有一些喜剧色彩，挑战着人类想象力的极限。在但丁幻想这些场景并将它们付诸笔尖时，他已经是一名50岁出头的男子了，因不得不依赖赞助人而倍感耻辱，他的尊严仍然没有从流放带来的打击中恢复。但丁于1316年前后在拉韦纳开始创作《天国篇》，他想借助这部作品为他的人生找到最终的意义和目的。

　　虽然维吉尔已经从但丁身边消失，但古典文化仍然为但丁那崇高的修辞手法提供了源泉。《天国篇》的开头是一片令人炫目的亮光：

万物的原动者的荣光照彻宇宙，

在一部分反光较强，

在另一部分反光较弱。[*]

　　《天国篇》讲述了但丁寻找世间最完美的光亮的历程。这一部诗歌描摹了一个亮得令人吃惊的世界，这些光源在浩渺的宇宙空间中穿梭。但丁身旁五花八门的光线令人眼花缭乱，亮光如同液体一般四处流淌，其中包括被阳光点亮的钻石和其他物体。"我见到了无法被描述的事物。"但丁向读者们宣告。但丁想要描述的是一个由上帝发出的极其明亮的光线组成的世界，这光亮无处不在，其中没有一丝一毫的阴影。在《天国篇》第三十章中，造物主发出的亮光如同液体一般流淌：

我看到一条形状像河一般的光，

在由神奇的、仿佛春季盛开的繁花

荟成的两岸中间闪耀着金黄的颜色。

从这条河里飞出一颗颗活泼灿烂的火星，

落到河每一边的花里，

好像镶嵌在黄金里的红宝石似的；

然后，它们似乎被香气熏醉，

重新跳进神奇的河流，

一颗进入，另一颗从中飞出。[†]

---

[*] 《天国篇》第一章，第1～3行。

[†] 《天国篇》第三十章，第61～69行。

尘世中的一切都易朽而不持久，相反，天国中的一切都永恒不变。但丁笔下的光亮、星空中的火花、闪烁的华光以及火焰等闪闪发光的意象是兰波《彩图集》（*Illuminations*）中充满想象力的诗行的先导。在《彩图集》中，一切都属于超然且令人审美愉悦的世界。兰波如同先知般用缓慢的调子吟诵一座他瞥见的漂浮在湖底的大教堂，与其类似，但丁向上飞升，超越人类世界，穿越行星直达外层的太空。《天国篇》真切地改变了诗歌语言，其中许多诗行似乎为它们自己的诗歌技艺本身感到愉悦，其为艺术而艺术的特性近乎神秘。约翰·辛克莱尔1939年的《天国篇》散文体译本抓住了兰波作品中那充满想象力的神韵，后者的诗行与它们所描写的景象中那种奇异的崇高感相称。第十三章中，但丁说道：

> 因为我曾看到荆棘的枝条起初在整个冬天显得干枯、僵硬，后来顶端却开着朵朵的玫瑰花；我先前曾见一只船在全部航程中都一直迅速地在海上行驶，而到达目的地进入港口时却遇险沉没。★

《天国篇》对读者的耐心和理解力都提出了不同寻常的高要求（T. S. 艾略特认为，这部诗要么令人兴奋，要么让人完全无法理解）。我们很难轻松读懂诗中对滥用自由意志、上帝创世、三位一体、基督教成肉身、为人类赎罪以及死后复活、光的特性，还有中世纪宇宙的运行方式等话题在教义方面的讨论。在第二章中，贝雅特丽齐对月球上暗斑的解释——它们是由不同密度的同种物质所致还是不

★《天国篇》第十三章，第133～138行。

同种类的物质所致？——令人费解，就连萨缪尔·贝克特也为此头痛不已。1958年，贝克特在给友人玛丽·哈钦森的信中写道："我又在读《天国篇》，试着看看这回能不能读懂贝雅特丽齐的解释。"这个关于月面暗斑的难题至少从20世纪30年代中期开始就已经在困扰贝克特了。当然，我们在很久之前就已经证明但丁对行星的想象所依据的科学理论与现实不符，但是他那个年代的自然科学已经尽力了。为了将宇宙的运行机制解释清楚，但丁将难解的理论简化了几分［法语中称之为"高阶通俗化"（haute vulgarisation）］。但丁在《天国篇》中展示了自己作为一名全才看到世界的种种神秘现象时感到的热忱和惊异之情，以及从混沌中提炼出秩序的愉悦。但丁似乎在说，我们对行星系统了解得越多，对神创造的宇宙就会越发感到惊奇。

这一部诗的三十三章中，每一章都包含着一幅宇宙图景，或者说是对宇宙某方面特征的认识：无边无际、永恒的时间，此刻的时间，循环往复的时间。但丁虽然在《天国篇》中表现出了对神学和天文学知识的博学，但其代价是，有时我们在此部诗中读不到太多人类的戏份。萨缪尔·约翰逊抱怨过，在《失乐园》中"永远缺乏对人类的关注"，这个抱怨也可以加在但丁的《天国篇》上，但约翰逊对弥尔顿的一句铿锵有力的赞美也适用于《天国篇》："他……在创作存在的新模式中得到了愉悦。"在《天国篇》中，付出的困难得到了回报，诗中作者将语言进行实验性的安排整合，其文字充满光明，如同魔法般拨动读者的心弦。

但丁面对的是一种语言学层面的全新挑战。如何描写一个很难用语言表达的世界？天国是一个超越了时间和空间的世界；一个充满光明，拥有月球上形式各异的暗斑、净火天的纯粹亮光，以及充满了奇幻色彩的多重天的世界。这个世界实在过于宏大，语言对此无能为力。普里莫·莱维曾哀悼人类语言在描写行星运动以及原子层面时的种种局限性。莱维认为，以上场景对我们日常使用的语言功能提出的挑战，其难度要大于描写他曾亲身经历的奥斯维辛集中营内的滔天罪恶。天国实在太过令人惊异，我们的语言对描述它无能为力，因此但丁创造了一个新动词"超凡入圣"（trasumanar）[*]，意思是"超越"或"超越人类"，来表达这种困难［诗人兼电影导演皮埃尔·保罗·帕索里尼的最后一部诗集出版于1971年，其标题《超越和整理》（*Trasumanar e organizzar*）即对这个生造词的致敬］。要想领悟神圣的真实，我们必须超越人类的语言和理解力。可是，但丁神奇地完成了他"超凡入圣"的经历，超越了寻常人类，并用文字把这段经历记载下来。

> 天空的极大部分被太阳的火焰点燃起来，
> 霖雨或河流从未造成这样广阔的湖面。
> 新奇的声音和浩大的光辉
> ……
> 那根弓弦射什么都射中一个喜悦的目标。[†]

---

[*] 《天国篇》第一章，第70行。

[†] 此处作者对但丁的原文做了改动。引文中前三句来自《天国篇》第一章，第79～82行；第四句来自《天国篇》第一章，第126行。

这幅如珠宝般的微缩画描绘了《天国篇》第三章中一个充满光亮的场景，由锡耶那艺术家乔万尼·迪·保罗于 15 世纪中期创作。画中，但丁和毕卡尔达·窦那蒂（诗人浮雷塞·窦那蒂的妹妹）与康斯坦斯·德·阿尔塔维拉（腓特烈二世的母亲）这两位修女的灵魂相遇。在画面的右侧，那耳喀索斯端详着井中自己的倒影。但丁胸口上绘着象征着爱的太阳标记。

但丁的天国之旅将会花去大约24小时。直到他到达净火天，贝雅特丽齐都是他"温柔的向导"，之后，明谷的圣伯纳德取代她成为但丁的向导。圣伯纳德是西方教会中修道主义的创始人之一，他忠诚地崇拜圣母马利亚。随着但丁逐步被引向天国高层，贝雅特丽齐的外表也变得越发美丽：她的双眼和"神圣的微笑"都发出灿烂的光彩。《新生》中的十四行诗描写过贝雅特丽齐"天使般"的微笑如何让"男子和天使们"一见倾心；《天国篇》中，她的微笑足以令"深陷地狱烈火中的人感到幸福"。贝雅特丽齐代表的是点燃普世大爱的那道光（"爱"一词在《天国篇》中一共出现了85次）。这里的爱不是充满情欲的激情之爱，而是心向公众之福的大爱，而最大的福就是上帝。当然，贝雅特丽齐在《炼狱篇》末尾告诉但丁，人类的爱能够轻易被空洞的"福的种种假象"所误导（T. S. 艾略特机智地将这种假象比作"淤泥中的大蒜头和蓝宝石"）。但随着贝雅特丽齐引领但丁进入"更高的受福之境"，诗人将了解到忏悔和净化的最终阶段。

　　相应地，与"光"有关的词汇在诗中稳定地增加：光、光芒四射、闪烁、闪耀、光辉（luce, sfavilla, scintilla, splendore, fulgore，《天国篇》中"光"的各种形式大约出现了70次）。传播福音的先知施洗约翰出现在但丁面前时，他周身的光芒是如此明亮耀眼，使但丁暂时陷入了失明。此时的但丁仿佛"由于用力看，结果眼睛变得什么都看不见了"（che, per veder, non vedente diventa）*。但他暂时的失明并没有将他打回另一片充满无知的幽暗森林，反而将他带向一道永远膨胀

★　《天国篇》第二十五章，第120行。

的亮光，使他的灵魂配得上贝雅特丽齐的爱。但丁这种惊奇迷惑的感觉与圣保罗的经历类似，神圣的启示让一切忧伤和使人痛苦的怀疑烟消云散。在通往大马士革的路上，圣保罗"被亮光刺瞎了双眼"（布鲁斯·斯普林斯汀的歌词如是说），这件事为但丁在诗歌中失去视力，以及随后他那难以言说的瞬间顿悟提供了先例。但丁见到了某个"凡人不应揭露"的人——耶稣基督的先驱，施洗者圣约翰。圣约翰向他保证，贝雅特丽齐会让他恢复失去的视力。

在第二十八章，诗人告诉我们，被崇高的语言和天国奥秘构成的光亮包围的贝雅特丽齐，已经让但丁的头脑"如痴如醉"。诗人已经见到了天国的圣光，现在他用圣光来观看事物。这是1300年4月13日的早晨，但丁的旅程还有一天就要结束。诗人此时进入了净火天。他的劳作几乎就要完成，他马上就能见到获得了救赎的宇宙。这个宇宙也象征着但丁那被救赎了的对贝雅特丽齐的爱：

自从我今生在世上第一次看到她的容颜那天起到这次在此处看到她，

我对她的歌颂从来未被困难阻断；

但是现在我必须像每个艺术家达到他的能力的极限时一样，

停止作诗歌颂她那不断增加的美。*

贝雅特丽齐的美丽到达了巅峰，宛如一位女王。虽然但丁有时为他的诗才自傲，但此时他又回到了童年时期，因再次处于爱人的

---

* 《天国篇》第三十章，第28～33行。

目光中而战战兢兢。诗人回归到了最早创作的爱情诗所属的典雅爱情传统，将贝雅特丽齐视作普罗旺斯吟游诗人口中那种"远观的爱"（Amor de lonh）的典范。从地狱深渊中爬出来的但丁已被净化，终于能够一睹无限的神圣。在天国中，亮光从诗人身上喷薄而出，而天国本身也是由"纯粹的光"（pura luce）构成。但丁已经彻底摆脱了地狱中那些悲惨的"咝咝"声和纷争。在几句充满了奇异的催人入睡的美的诗行中，贝雅特丽齐引导但丁进入天国中白玫瑰的黄色中心。在这里，但丁在诗歌上的成就可谓前无古人（暂时也后无来者）：他描绘了一个超出人类感知能力的世界。贝雅特丽齐解释道，净火天中的光是"心智之光，充满了爱"。我们只能用头脑去理解它。在一群长着金色翅膀的蜜蜂*发出的"嗡嗡"声中，贝雅特丽齐邀请但丁观看白玫瑰中整齐排列、身着白袍的圣徒们，他们就在上帝的身旁。无边无际的天国玫瑰由原动天（Primum Mobile）凸面外表发出的一束反光组成。原动天是但丁的宇宙图景中最大、移动最快的一层天，顾名思义，宇宙中的一切运动起源于此。将天堂想象成一朵玫瑰是但丁的创造。他写这一段时可能参考了中世纪哥特式教堂里的玫瑰花窗。

贝雅特丽齐把当时正保持沉默而愿说话的我

拉到那朵永恒的玫瑰的黄色中心，

这朵玫瑰逐渐扩大而且向那造成永久的春天的太阳散发着赞美的芳香；

---

* 指上帝的天使们。

她说："你看，那穿白衣的团体多么大！"*

在第三十一章中间，贝雅特丽齐离开了但丁，在任务宣告完成之后，她回到了天国秩序中的原位，整部《神曲》中最明亮的一颗星现在正在安静地脉动。但丁已经超越了人类，被彻底地改变了、升华了，他现在已经享有来自上帝的荣耀。在光耀万丈的天国之中，月球仿佛阴影一般，空中飘荡着仙乐。在最后一章中，"光"（"luce"或"lume"）一词被使用了10次。上帝就是光，而且他被称为"至高无上的光"。古怪的是，这道光是一股无色的火焰，没有可见的火源，却在虚空中燃烧。但丁彻底与上帝合为一体。他那复杂的羞愧之情以及流放给他带来的道德污点都已不复存在。T. S. 艾略特认为，这一章"达到了诗歌艺术可能达到的最高峰"。但丁在经历了天国的淬炼之后，其存在已经消失，他被进行了精神上的加冕仪式。

> 但是我的欲望和我的意志已经在爱的作用启动下
> 好像各部分全受相等的动力转动的轮子似的转动起来，
> 这爱推动着太阳和其他群星。†

以上诗句就是但丁·阿利吉耶里的《神曲》的最后几行。

★ 《天国篇》第三十章，第124 ~ 129行。

† 《天国篇》第三十三章，第143 ~ 145行。

古典文化的理想世界中，没有方言或"流行"诗歌的一席之地。好诗人应该用拉丁文写作，但丁没能通过这项测试。

在彼得拉克之后，威尼斯诗人兼未来的红衣主教彼埃特罗·本博又给了但丁的名声重重一击。本博是意大利文艺复兴时期最有影响力的文学批评家，他出现在卡斯蒂利奥奈 1528 年创作的《侍臣论》（*The Book of the Courtier*）中。《侍臣论》是文艺复兴时期一部伟大的关于如何出人头地的论著，在很长一段时间里，它的影响力比马基雅维利的《君主论》要大得多。和卡斯蒂利奥奈一样，本博提出典雅的行为方式比武艺优越，人们在日常生活中应该保持谦逊友善、仪态优雅。虽然本博外表优雅，但他和卢克雷齐娅·波吉亚有着一段长达 16 年的婚外情。卢克雷齐娅是费拉拉公爵夫人，教皇亚历山大六世的女儿（马基雅维利"称赞"这位教皇道："他除了欺骗之外从无其他所思所为。"）。1506 年到 1511 年是本博最热衷于婚外情的时期，在此期间，他开始写作一部关于方言的口语和语法的著作，名为《论通俗语言》（*Prose della volgar lingua*）。在书中，本博承认了但丁作为诗人的声望，但他认为但丁的文体有缺陷。但丁诗中偶然出现的"粗俗文字"已经足够糟糕，更糟的是他将不同语域的词句混用。本博将但丁使用的词语分为"粗糙"（rozze）、"肮脏丑陋"（immonde e brute）和"生硬"（durissime）。此书于 1524 年完成，它以四位文艺复兴时期人文主义者之间的一场讨论展开，他们在书中倡导的是在写作中应保持优雅和平衡等贵族美德。很遗憾，但丁使用的方言未得到典雅的宫廷文化的认可。假如他使用了"更令人愉悦和尊重"的词汇的话，那么他今天拥有的"名望和赞美"会大很多。本博有一个著名的比喻：《神曲》使用的语言就像一块长满了杂草的美丽麦田。

直到18世纪早期，前浪漫主义运动萌芽为止，但丁的影响力都不是很大。本博（以及与他观点类似的其他人）关于文体禁忌的观点和一种对意大利风格的敌意合流了（文艺复兴时期的学者罗杰·阿斯堪曾说："像意大利人的英格兰人是魔鬼的化身。"）。在这两股力量的推动下，英国文化圈对但丁失去了兴趣。然而，1719年，英国画家兼艺术批评家乔纳森·理查德森继乔叟之后第一次翻译了《地狱篇》中乌格利诺那一章，这一举动促进了英国但丁热的来临。诗中，伯爵不停地"啃"着口中"恐怖的食物"，即大主教的后颈，然后乌格利诺抬起头来，对但丁说：

> 你要我重述那场令人绝望的苦难，
>
> 在我还没有开口以前，
>
> 这场苦难只要回想起来，
>
> 就已经使我的心绞痛欲绝。
>
> 但是，如果我的话是要成为一粒会给我所啃的叛卖者结出臭名之果的种子，
>
> 那你就要看到我一面说一面哭。*

这几行诗表现出来的那种气定神闲的崇高自信体现出弥尔顿的影响，他是极少数熟读《神曲》的英国人之一。弥尔顿曾在伦敦的圣保罗学校学习意大利语，他在但丁出生的托斯卡纳地区度过了

---

* 《地狱篇》第三十三章，第4～9行。

1638年的夏天。在那里，他参观了瓦隆布罗萨（Vallombrosa）的本笃会修道院，后来他还把这座修道院写进了《失乐园》，其中堕落的天使们就像"秋天"的树叶一般躺在地上，摞成厚厚一叠。弥尔顿阅读但丁的作品时带着同情，在他的《札记书》（*Commonplace Book*）中提到了6次《神曲》。1737至1738年，距离理查德森翻译但丁的作品已经过了几十年，托马斯·格雷以同样崇高的笔触翻译了乌格利诺一章。格雷在乌格利诺的讲话中译出了监狱中黏糊糊的恐怖景象，以及卢吉埃里这名"背信弃义的比萨教士"的心狠手辣。

> 我听见可怕的塔牢下面的门钉上了；
> 于是，我看着我的儿子们的脸，一言不发。
> 我没有哭，我的心就这样化成了石头。*

格雷这代英国年轻人在壮游（Grand Tour）途中发现了但丁。这种壮游的终点通常设在那不勒斯，这是意大利南部破破烂烂的首府，附近的维苏威火山之宏伟，给他们提供了一种视觉上的教育。有些进行壮游的人，包括拜伦勋爵在内，会远游到希腊，但是人们喜爱意大利这个文艺复兴金光闪闪的起源地。大部分评论者认为，文艺复兴的起点是1492年，那一年卢克雷齐娅·波吉亚的父亲罗德里格·波吉亚成为教皇亚历山大六世，哥伦布则"发现"了美洲。卢克雷齐娅是开放的文艺复兴时代新女性的闪亮代表人物，并不是史书中记载的那个魔鬼的化身。拜伦勋爵为她有着飘逸金色秀发的外表深深迷醉，他在

---

* 《地狱篇》第三十三章，第46～49行。

1816年从米兰安布罗斯图书馆的一个陈列柜里偷了一缕她的头发（可能是趁馆长转过身去时下的手）。拜伦勋爵几乎被她给彼埃特罗·本博的情书打动得热泪盈眶，称它们是"世间最美好的情书"。

在不列颠，人们认为意大利半岛有教化的功效。"一个没有去过意大利的人，永远知道自己低人一等。"萨缪尔·约翰逊在1776年评论道。格雷在剑桥接受教育，在1739至1741年踏上旅途；他的旅伴是哥特式小说家贺拉斯·沃波尔（顺便一提，后者讨厌但丁，称他"荒谬、离谱、令人恶心"，甚至还用了个奇怪的比喻，说但丁是"疯人院里的循道宗牧师"），此外格雷还带了一位名胜古迹讲解人。我们有理由猜测，格雷还随身携带了于1578年在威尼斯出版的五卷本但丁全集。在罗马，格雷和沃波尔见到了一个文明的废墟。他们参观了罗马斗兽场、市政广场、潘菲利宫以及南边的赫库兰尼姆城。此时，赫库兰尼姆城以及邻近的庞贝还有一大部分尚待发掘。格雷旅途结束7年后的1748年，那不勒斯官方挖掘出了城中的商店、妓院、旅店和马厩。对壮游的参与者（通常为男性）而言，有必要参观至少一座被火山灰埋葬的城市，以证明在国外受到了古典教育。在10年后的1750年，格雷完成了《墓园挽歌》，他表示这首诗所表达的秋季的沉思和忧郁受到了但丁《炼狱篇》的启发。

直到1802年，《神曲》才被完整地译成英文。亨利·博伊德于1750年出生在爱尔兰的安特里姆郡，是一名神父。在翻译但丁的作品之前，他已经翻译了阿里奥斯托和彼得拉克的作品。博伊德的译本开风气之先，把但丁介绍给了众多英国读者，包括艺术家亨利·福塞利和约翰·福莱克斯曼。有时候，博伊德翻译得过分复杂，大大偏离了原文。《炼狱篇》第九章中的 "鹰"（aguglia）被他译成了 "端坐在奥林匹亚王座上的长羽守望者"，这实在是过头了。在博伊德的译文中，原本 "阴郁而浪漫" 的但丁（这位神父是这么描述的）获得了一种与弥尔顿相近的严肃而崇高的感觉：

> 曙光女神从伴侣的臂膀中悄悄溜了出来，
>
> 在闪着微光的东方现出了她的魅力；
>
> 组成了天蝎那光辉灿烂的队列的繁星，
>
> 如宝石般点缀着她那苍白的额头……*

博伊德并不十分忠实原文，相反，他倡导的是将翻译当作一种装饰的观念。他的译本最先于1785年在都柏林出版，其中提到了但丁原文中并没有的埃特纳火山和意大利其他风景名胜，博伊德很可能是在游记中读到的这些景点。博伊德和18世纪的大多数英国人可能将但丁看作一名描写阴暗忧郁景象的普罗米修斯式诗人，诗中充满烈焰和浓烟；或是将他看成一名长于严厉道德说教的基督徒，脑中想象的是装满人类罪恶的深坑。

博伊德和其他神父将《神曲》重塑为一部基督教圣歌，它因此成了题材最严肃的诗，全英国都像对待《圣经》一样赞美着《神曲》的伟大。众多公务员、银行家、政客、律师，纷纷在翻译但丁这项工作上一试身手，虽然他们中很多人只是业余爱好者。其中就包括

---

* 《炼狱篇》第九章，第1～6行。此处译文由译者自行翻译，附上田译文供读者对比博伊德译文和但丁原文在风格上的区别："老提托努斯的伴侣已经离开甜蜜的情人的怀抱，在东方的阳台上发白；她额上的宝石亮晶晶的，镶嵌成用尾巴打击人的冷血动物的图形。"

维多利亚时代的财政大臣威廉·格莱斯顿。这些翻译作品很少出版，译完《神曲》全三部的译者就更少了。

在博伊德的译本问世12年后，英国但丁热真正到来之前，神父亨利·佛朗西斯·凯里开始使用弥尔顿式的无韵体翻译全本《神曲》。1814年，凯里自费出版了《但丁·阿利吉耶里的幻想，或称地狱、炼狱和天国》，这是《神曲》第一个严肃的全英文译本（凯里认为，他取的这个标题"比《神曲》更适于我们语言的天赋"）。不幸的是，印刷本的字体太小，还缺乏脚注。《但丁·阿利吉耶里的幻想，或称地狱、炼狱和天国》只吸引到了两篇评论——一篇正面一篇负面——而且完全没有卖出去。4年后的1818年，塞缪尔·泰勒·柯勒律治在一场关于但丁的讲座中称赞了这个译本，彻底扭转了它的局势。自从柯勒律治在1804年戴着一双"绿色的太阳镜"环游了意大利之后，他就一直想要阅读意大利文原版的但丁作品。柯勒律治自称"绅士诗人与雾中哲学家"，从很多方面来看，他都是但丁的理想代言人。他是完美的多面手，能够带着学究气在饭桌上连珠炮似地讨论化石学、冶金学、荒野远足和《神曲》。柯勒律治身上感受惊奇的官能——他在欣赏美时瞠目结舌——在他于伦敦哲学学会做的那个关于但丁的讲座中体现得淋漓尽致。柯勒律治认为，但丁的诗歌是一部具有"原始浪漫主义的史诗"，其中包含了"无穷无尽的精细之美"，也有无穷无尽的恐怖。在柯勒律治的推荐下，《但丁·阿利吉耶里的幻想，或称地狱、炼狱和天国》的第一版一售而空，《爱丁堡评论》《每季评论》以及其他严肃杂志上也开始出现赞扬它的评论文章。众人一致认定：凯里的成就超越了之前的所有人。

凯里安葬在威斯敏斯特修道院中，他的墓碑上刻着"但丁的译者"（THE TRANSLATOR OF DANTE）几个大写的单词。他确实值得这个起强调作用的定冠词"THE"：凯里的译本在当时——而且现在仍然是——无与伦比。

博伊德和凯里这两名神职人员在翻译《地狱篇》第二十一章时遇到了一个特别的难题。在这一章中，巴尔巴利洽（Barbariccia，意为"卷曲的胡须"）用屁股当"喇叭"，仿佛演奏音乐一般。博伊德根据古希腊神话中风神的名字，将鬼卒放屁的声音美化为"埃俄罗斯响亮的竖笛"，而凯里则羞报地译成"猥亵的声音"了事——这种译法好比喝下淡而无味的残酒。E. H. 普朗普特也是一名英国教士，他在萨默塞特郡的韦尔斯担任教长。普朗普特花了20年时间钻研但丁的作品，随后在维多利亚时代晚期的1887年出版了一卷但丁作品集，里面包含了《神曲》和《雅歌》，以及但丁的其他诗歌。显而易见的是，同博伊德和凯里的译本一样，普朗普特在翻译时瞻前顾后，对他认为不雅的部分进行了删减。巴尔巴利洽放屁的粗俗行径被译成了"从他身体后部呼出的喇叭音符"。他译得过于委婉，曲解了原文。凯里译文中的"后部"在意大利原文中是毫不掩饰的"cul"，这个词在当代意大利语中变为"culo"，即"屁股"。但丁在描写污秽时绝不拐弯抹角。

约翰·济慈第一次读但丁的作品时读的是1814年的凯里版三卷本，他在1818年步行环游英国湖区和苏格兰时带上了这部书。在给他兄弟乔治的信中，济慈曾表示，为了能阅读意大利文原版，花时间去学意大利语是"非常值得的"，而他确实去学了，学习过程中可能用凯里的译本作为参照。大部分英国浪漫主义诗人都通过凯里译本了解但丁。他的译本还见证了人们对环游意大利以欣赏其艺术和古典传统的兴趣大大提高的过程。壮游的传统从17世纪中期开始，将会持续到1840年左右火车兴起为止。对患有结核病的济慈而言，温暖的南方给了他一份调养身体、从这种致命的疾病中康复的希望。最后，济慈来到了罗马。雪莱也在意大利寻找在迷醉中忘却自我的希望。在他1821年的散文《诗辩》（*A Defence of Poetry*）中，雪莱将但丁的诗歌赞美为一道"跨越时间长河的桥梁，连接了现代和古代世界"。

《地狱篇》第五章中保罗和弗兰切斯卡的故事比乌格利诺的故事更受浪漫主义者的欢迎，这一点可能只是个幸运的巧合，因为约翰·拉斯金后来曾悲叹道，乌格利诺的故事"是英格兰人读过的唯一的但丁诗歌"。但丁在第五章中第一次遭遇了未忏悔的灵魂。保罗·马拉台斯塔和弗兰切斯卡·达·里米尼这对犯了通奸罪的爱人在一个黑色的旋涡中无望地翻滚。死于色欲的这两人被允许和但丁说几分钟话。弗兰切斯卡向但丁解释了爱是如何毁灭了她：一起阅读关于兰斯洛特对圭尼维尔的爱的故事时，她和小叔子保罗第一次接了吻。所有这一切就发生在但丁旅程开始几年前。这就提出了以下这个问题：这两人之间的爱和但丁对贝雅特丽齐的爱究竟有什么不同？可能但丁就是因为想到他差点儿就没能逃过一劫，所以才会昏倒。（"我……仿佛要死似的昏过去，"拜伦勋爵在1820年的译文中如此写道，"我像死尸一般倒下了。"）就在但丁昏迷倒地之前，弗兰切斯卡说出了诗中最伟大的几行诗句之一："再没有比不幸中回忆幸福的时光更大的痛苦了。"（*Nessun maggior dolore che ricordarsi del* tempo felice ne la miseria.）这句诗还出现在了罗西尼的歌剧《奥赛罗》（*Otello*）里的一位贡多拉船夫口中，以及薄伽丘的诗《爱的摧残》（*Il filostrato*）的序言中。

我们不难理解为何这个故事对浪漫主义派诗人有着如此之大的吸引力。弗兰切斯卡嫁给了简乔托·马拉台斯塔这名毫无吸引力、外表畸形的年长男子，她根本无法抵御亲吻外表英俊的小叔子保罗的欲望（罗丹在雕像《吻》中表现了这对意大利恋人沉迷于未被人发觉的狂喜中的场景）。弗兰切斯卡和保罗的地下恋情持续了10年之久，但是后来她丈夫简乔托发现了这段不伦恋，将两人用剑杀死。现在，这对恋人被判罚在地狱的第二层永受折磨，这一层都是那些屈从于色欲的人。这两人的故事包含了通奸、乱伦（保罗和弗兰切斯卡是叔嫂）和谋杀等元素，不仅仅是单纯因欲望而犯罪的故事，它告诉了读者罪恶是如何破坏佛罗伦萨贵族社会的秩序的。这个故事真实发生过。1282年2月，保罗曾被任命为佛罗伦萨的"人民首领"（capitano del popolo），时年16岁的但丁可能在那时见过他。保罗和弗兰切斯卡死于1285年，仅在几年之后，弗兰切斯卡的父亲成为佛罗伦萨的"波代斯塔"（podestà，高阶行政官职）。虽然他们的家族权倾一时，但光鲜的外表之下遍布丑闻的泥淖。

济慈创作了许多关于人世无常和自己肺结核病的诗歌，令人难忘。在一个夜晚，他梦到外表诱人的弗兰切斯卡就在他身旁。"这个梦境是我一生中最愉悦的时光之一。"1819年，济慈在给弟弟乔治和弟媳乔治娜的信中如此写道。他浑身颤抖着和弗兰切斯卡长吻不息时，就像一个幽灵般在梦境里"旋转的空气中"飘浮。醒来之后，济慈决定用十四行诗的形式把这个梦写出来，诗中对情欲的表达清晰可见：

> 我吻的红唇也苍白，而同我一道
> 随凄风苦雨飘动的形体——却窈窕。*

　　但丁启发了乔叟在《僧侣的故事》中重写乌格利诺的故事，与此类似，但丁也启发了英国的浪漫主义者改写《神曲》中的故事。比起学术目的，他们对但丁的兴趣更多地建立在热情之上，但他们的兴趣证明但丁在英国日益受到欢迎。1816年，济慈的朋友李·亨特在长诗《里米尼的故事》（*The Story of Rimini*）中发表了个人版的《地狱篇》第五章。在该诗中，弗兰切斯卡和保罗（他的意大利文名"Paolo"或是被拼错，或是被有意英文化为"Paulo"）被改写成一对浪漫主义风格的注定毁灭的恋人的原型。李·亨特将但丁原文中60行左右的诗句扩写成了惊人的1706行：《地狱篇》中原有的叙事暗示被扩展成了完整的章节。诗歌开场设在中世纪拉韦纳，时间是1275年春季的一个早晨。众人正汇聚一堂，"拥有骑士精神"的温柔新体诗人圭多·卡瓦尔堪提也在人群中。在弗兰切斯卡和简乔托在婚礼上宣誓之后，保罗和弗兰切斯卡如同"树上的桃子一般"被挤到了一起，两人都怦然心动。葛兰西称，这对恋人具有"心灵上的优雅"。他们在飞向但丁和维吉尔时，被比作一对鸽子 ：他们之间的爱

---

* 《咏梦》，译文选自《夜莺与古瓮：济慈诗歌精粹》第96页，屠岸译，人民文学出版社，2008年版。

　　鸽子常被当作圣灵的象征。

并不全出于肉欲。李·亨特终于在1846年发表了第五章的出色译文，此时他已经62岁，而约翰·济慈这位英语世界中最伟大的诗人兼医生已经在四分之一个世纪前过世了。

但丁诗中的黑暗气息渐渐淡化得令人更易接受。在李·亨特出版《里米尼的故事》那一年（1816年），托马斯·洛夫·皮科克也出版了他的中篇小说《黑德朗大厅》（*Headlong Hall*），其中的科尼利厄斯·克罗马提克先生类似柯勒律治，他在餐后表演但丁主题的娱乐活动。在两位女儿的帮助下，他给侍从哈利·黑德朗以及众客人模仿了一段《炼狱篇》第八章中的场景，但他却不自知这段表演有多么可怕。在这段诗中，一名满心忏悔的基督徒在上帝面前唱了一首"在日没以前"（Te lucis ante）*的晚祷。这些诗行原本应当描绘出日落时的浪漫景象，在此却只显示出似诗非诗的矫揉造作，堆砌辞藻的程度比起但丁作品最糟的译者也有过之而无不及。

> 灰色的暮光，她幽暗的山丘
> 使得自然那春季的繁盛褪了色，
> 在树丛、田野和小溪上，
> 投下了一丝平静的越来越深的阴暗。†

皮科克的中篇小说表明，那时但丁在英国几乎成了客厅娱乐的题材。1825至1914年间，涌现出了20多部以保罗和弗兰切斯卡为主

---

* 这是这首圣诗第一行的前三个词，完整的第一句为"Te lucis ante terminum, rerum Creator, poscimus"，意为"在日没以前，我们祈祷你，造物主啊"。

† 此段由译者自行翻译。

题的歌剧，其中有几部是喜剧，但大部分都是有着拜伦式风格，以黑暗秘密和两性关系为主题的情节剧。

1821年，济慈在罗马去世，逝世前，他咳出了"黑色且极为黏稠"的物质。雪莱接过了在英语世界传播但丁的火炬。雪莱于1822年去世，年仅29岁，那时他翻译的但丁诗歌尚未完成。在浪漫主义者中，几乎只有雪莱一人比起《地狱篇》来更喜欢《炼狱篇》和《天国篇》，他总是强调"但丁那精致的温柔和情感，以及理想的美，在这些方面只有莎士比亚可以和他一争高低"。雪莱心中的但丁和拜伦心中那个普罗米修斯式的人物大相径庭。在雪莱看来，但丁"懂得爱的秘密"：雪莱认为《天国篇》是一首"对永恒之爱的永恒颂歌"，有待译者将它译成英语，点燃其诗歌的魅力。

雪莱高度评价凯里的译本，但对凯里没有使用（或对此无能为力）但丁原文中的三韵句格律进行翻译不甚满意。雪莱认为"用诗歌原文的形态翻译才对诗人公平"。雪莱在自己的诗歌中也将经常使用三韵句（最精彩的例子就是《西风颂》和《生命的凯旋》，在这两首诗中，T. S. 艾略特正确地看到了"英语中最伟大、最具但丁风格的一些诗行"）。其他浪漫主义诗人，包括拜伦和李·亨特在内，将但丁的三韵句看成正面促进而不是拖后腿的因素，他们的翻译节奏紧凑，充满持久的活力——虽然没人可以在热情提倡三韵句的努力方面与雪莱媲美。雪莱在1820年译完了《炼狱篇》的第二十八章，译文精彩绝伦。此时，但丁已经游历了遍布残疾扭曲、无法动弹的

下页图

《恋人的旋风》，威廉·布莱克作。弗兰切斯卡·达·里米尼和保罗·马拉台斯塔在光晕一般的云中飘荡于但丁上方。在这幅水彩画的底部，布莱克写下了"《地狱篇》第五章"。

HELL Canto 5

罪人的地狱,来到了地上乐园的"圣林"之中:这个场景中充满了温柔的、带着异世界色彩的亮光。鸟儿正在清脆地鸣叫——但丁已经到达了受福的境地:

> 但并未过于偏离天然姿态,
> 以至于使树梢上的小鸟停止施展它们的一切技能;
> 相反,它们在树叶间唱歌,
> 喜洋洋地迎接清早的时辰,
> 树叶的沙沙声为它们的歌伴奏。*

　　1818年,雪莱加深了对但丁的了解。那一年,雪莱第一次(也是唯一一次)游历了意大利,后在那里居住了4年。4月,他在给托马斯·洛夫·皮科克的信中写到,他正在米兰大教堂里一个阴暗的角落阅读《神曲》。11月,他到达了那不勒斯,在那之前,他和妻子玛丽已经变得相当疏远了。这对夫妻神秘的孩子,被称作"那不勒斯拖油瓶"(Neapolitan charge)的艾伦娜·阿德莱德的出生,使诗人本已低落的情绪进一步恶化。还没有人能成功地确定艾伦娜父母的身份:她在那不勒斯圣母领报孤儿院被错误地注册为珀西·比希·雪莱和玛丽这对夫妇的孩子。她很可能是雪莱某个情人的孩子,她的母亲可能想在意大利找到雪莱,也可能没想这么做。那不勒斯自有其乐趣。雪莱和玛丽居住在里维耶拉·迪·奇亚街250号的一家旅馆中,从那里步行半小时就是安葬维吉尔骨灰的墓地——起先,该

★《炼狱篇》第二十八章,第13~18行。

地被笼罩在一棵巨大的月桂树下，据说在1321年但丁去世的那一刻，这棵树也枯死了。艾伦娜·阿德莱德本人在两岁时死在了那不勒斯。

1822年，雪莱在斯贝齐亚海湾（Gulf of La Spezia）乘船时落水身亡，当时他口袋里装着一本济慈的诗集。雪莱早逝的结局充满了诗意。他和济慈被安葬在罗马同一座公墓中，后者一年以前在一家能俯视西班牙大台阶的旅馆中去世。雪莱在意大利期间每天至少为妻子玛丽朗读两章《炼狱篇》，可能是试图借此修复破碎的婚姻。

济慈和雪莱去世多年后，维多利亚女王登基，那一年是1837年。再过10年，欧洲就要爆发1848年革命，那时，但丁会被人们当作意大利民族特征（italianità）的化身（有个传记作者称但丁为"有史以来最具意大利特征的诗人"）。早在1821年，拜伦勋爵就已经在《但丁的预言》一诗中赞美但丁为未来意大利统一的先知。在这首诗中，但丁预言了他身后数世纪意大利的命运：托斯卡纳方言的地位将会高过拉丁语；《神曲》中的句法将会塑造出一门新的意大利民族语言；意大利将会成为"欧洲歌唱的夜莺"。

在19世纪中期，革命和民族起义燃遍了整个欧洲大陆。伊丽莎白·芭蕾特·布朗宁宣布，假如但丁知晓了1848年席卷佛罗伦萨的自由派游行的话，将会激动得"如痴如狂"。在意大利半岛上，意大利复兴运动在朱塞佩·加里波第、卡米洛·奔索·加富尔伯爵以及朱塞佩·马志尼的领导下，要将意大利的大部分民族从他们憎恶的哈布斯堡家族和波旁家族的统治者手中解放出来。应景的是，《神曲》中的几行诗成了复兴运动的颂歌：

唉，奴隶般的意大利，苦难的旅社，

暴风雨中无舵手的船，

你不是各省的女主，而是妓院！ ★

　　1861年，议会在意大利北部城市都灵宣告了意大利的统一。努力实现民族独立的理想主义者和爱国者们大部分来自北部，和贫困潦倒的南部的合并就像"和天花患者同床共枕"（一名来自都灵的显贵如是说）。因此都灵——而不是罗马——成了统一后的意大利的第一个首都。人们认为，都灵城中由拱门装饰的广场和符合几何学原理的街道，比罗马那黑暗而疫病丛生的后街对健康卫生有益得多。完全的政治统一直到罗马和教皇辖地的剩余一部分于1870年加入意大利王国时才正式宣告完成。在意大利复兴运动之后，每个意大利城镇都在特设的但丁广场上竖起一座但丁塑像。长久以来，但丁都梦想着意大利能够统一（虽然他设想中的意大利并不是一个自治王国）；现在，时隔5个世纪，他的梦想终于实现了。意大利土地上诞生的新民族国家所采用的官方语言是一门以但丁的佛罗伦萨方言为基础的书面语言。这门语言的大部分使用者都是托斯卡纳的上层和商人阶级，超过90%的意大利人说的仍然不是意大利语，而是各自的方言。那时意大利的各门方言（事实上今天也是如此）由拉丁语和半岛上诸多民族的语言混合而成，数个世纪以来，这些方言将阿尔巴尼亚人、诺曼人、萨拉森人、希腊人和日耳曼伦巴第人（当时被称为"longobardi"，意为"长胡子"，后来变成了"Lombards"）融合成了一个松散的集体。但丁"发明"的书

★ 《炼狱篇》第六章，第76～78行。

面意大利语很快就会变成新的意大利国的语言，成为学校、职业人员所使用的语言。维多利亚时代的诗人阿尔杰农·斯温伯恩和桂冠诗人阿尔弗雷德·丁尼生都像伊丽莎白·芭蕾特·布朗宁那样将但丁尊崇为意大利统一运动的先知。到19世纪中期，这名佛罗伦萨诗人业已成为一位畅销作者，斯塔福德郡生产的但丁小塑像的销售量数以千计。

当加里波第于1864年访问伦敦时，群众蜂拥而至向他致意，诺丁汉森林这家新的足球俱乐部也选择了加里波第红作为它的代表色。这名意大利爱国者"受意大利委员会的邀请做演讲，他们还送给他剑和旗帜作为礼物，他在两万多人面前演讲时坚定有力"。加里波第拜访了丁尼生位于怀特岛的避暑别墅，佛罗伦萨市政府委任丁尼生为庆祝但丁600年诞辰（1865年）作诗一首（"统治了六百年的君王"*）。加里波第不是唯一一位利用但丁的浪漫主义形象来推动意大利复兴运动的意大利民族主义者，另一个这么做过的人是来自热那亚的充满远见卓识的记者兼政论小册子作者朱塞佩·马志尼，他后来会成为欧洲两代激进自由主义者和民主主义者的领路人。在梵蒂冈谴责他是撒旦的仆人后，马志尼在1837年流亡到了伦敦，此时距离马克思和恩格斯在这个人潮涌动的大都市定居还有10年。在伦敦，马志尼多次更换简陋的住处，为了防止被发现，他房间的窗帘一直拉着。他的作品多达64卷书信和30卷文集，其中混合了意大利复兴运动的浪漫主义和

---

* 出自《致但丁：依佛罗伦萨人请求而作》（*To Dante: Written at Request of the Florentines*）。

下页图
《雪莱的葬礼》，由路易·爱德华·弗尼耶作于1889年。
在荒凉而阴风吹拂的斯贝齐亚海滩上，诗人的遗孀玛丽
饱含悲伤之情跪在地上，拜伦勋爵正在向大海遥望。

ouis-Edouard Fournier

对政治现状迫切需求的精明务实的认知。马志尼的大部分作品都遭到了意大利当局的查禁，甚至连他编纂的意大利浪漫主义诗人乌戈·福斯科洛对《神曲》的注疏集（未完成）也不例外。这部四卷本注疏集于1842至1843年由来自意大利皮埃蒙特的书商彼埃特罗·罗兰迪在伦敦出版。福斯科洛也是一名流亡到伦敦的爱国者，他是最早在维多利亚时代的英国读者中推广但丁的人之一。罗兰迪的书店位于伦敦苏豪区外围的伯尔纳街20号，经常拜访这里的人包括苏格兰历史学家托马斯·卡莱尔和大英博物馆的图书馆部门负责人安东尼奥·帕尼兹（他因参与革命运动在故乡意大利被判处死刑）。罗兰迪的意大利书店间歇受到外国的监控。1842年，罗兰迪为了分发马志尼版的福斯科洛《神曲》注疏集访问了意大利，在此期间，他本人遭到了诽谤和拘留，这部用棕色纸张包裹的书被从罗兰迪身上搜走并烧毁。书商本人回到了伦敦，他为自己活了下来感到宽慰。"罗兰迪就像但丁笔下从船难中幸存的水手，他'回过头来凝望惊涛骇浪'（ si volge a l'acqua perigliosa e guata）*。"马志尼在1843年这样写道。

马志尼第一批关于但丁的文章出版于1841年，且是为"意大利工人"而写。马志尼是极少数心系穷苦人民的意大利复兴分子之一。同一年，为了缓解维多利亚时代伦敦儿童无家可归的现象，马志尼在哈顿花园为意大利裔的街头音乐家、小饰品叫卖人和其他年轻人开办了一所免费学校。学校的校刊《朝圣者》(Il Pellegrino) 相当于19世纪的《看与学》(Look and Learn)，其中教授了关于意大利名

---

* 《地狱篇》第一章，第24行。

人的历史，包括但丁、克里斯托弗·哥伦布、列奥纳多·达·芬奇。校刊赞美但丁为新的自由时代中"自由民族"的使者：他"既不是天主教徒，又不是贵尔弗党，也不是吉伯林党；他是一名基督徒，他也是意大利人"，马志尼强调道。

　　此时，在大西洋的另一侧，但丁的伟大拥护者是美国诗人亨利·朗费罗。朗费罗的诗中虽然有维多利亚时代的华丽辞藻，但由他翻译的但丁诗歌，与原著中韵律丰富的托斯卡纳方言十分合拍，这一成就很少有译者能与他媲美。朗费罗翻译的《神曲》出版于1855至1857年，是第一部完整的，且在很多方面至今还是最好的美国译本。朗费罗是位于波士顿的但丁俱乐部的创始成员之一，在这个俱乐部里，意大利文化爱好者（包括哈佛大学的两位学者詹姆斯·罗素·洛威尔和奥利弗·温德尔·霍姆斯）试图将但丁的诗歌介绍给新英格兰地区更多的读者，并借此让波士顿的"婆罗门"在道德上有所改进。新英格兰地区的但丁专家从他们的清教徒父辈那儿继承了对"罗马教"（Romanism）*以及宗教改革之前天主教对圣徒和奇迹的信仰的反感，但是很多人暗中对罗马教会所启发的伟大艺术心怀同情，认为但丁、拉斐尔、米开朗琪罗、帕斯卡和笛卡尔都是天主教徒。他们对但丁的回应经常同时反映出对天主教"腐化"力量的恐惧和与天主教"交融"的渴望。在他们的思想中，《神曲》将聚会小屋的单纯朴素和巴洛克风格的圣彼得大教堂的辉煌壮丽结合了起来。

　　但丁俱乐部遭到了哈佛理事会沙文主义式的反对，后者担心但

---

* 对罗马天主教的贬义称呼。

丁的英译本会将天主教中的"不道德"因素引入美国的心脏地带。朗费罗在内心深处是名秘密的天主教徒，他并不将但丁看作一名对抗罗马教会的新教英灵，也未将代表教皇的紫色当成危险的宗教反攻倒算的象征。马修·珀尔在2004年出版了《但丁俱乐部》这本融合了多种风格的侦探小说，小说的故事发生在19世纪，讲述了一名波士顿地区的连环杀手试图败坏"罗马教徒"朗费罗以及他周围的精英——但丁专家的名声，为此，这名杀手用从《地狱篇》中找到的残酷刑罚折磨受害者们（一名唯一神论派的神父在污水池中被活活烧死，一名高等法院的法官和蛆虫一起爬行）的故事。不久之后，美国会在内战中分裂，它害怕未知的"外国影响"。维多利亚时代的英国，天主教在红衣主教约翰·亨利·纽曼和亨利·爱德华·曼宁的指引下，克服了重重危机生存下来，但是美国接受"旧宗教"的速度较慢，需要花点儿时间才能吸收但丁的天主教精神。

企鹅经典系列在1949至1962年间出版了三卷本《神曲》，这个版本的读者经常会惊奇地发现，译者就是那个写了温西爵爷系列侦探小说的多萝西·L.塞耶斯（T. S.艾略特叫她"小多莉·塞耶斯"）。我们在《谁的尸体？》一书中读到，塞耶斯笔下这名衣着讲究的侦探私人收藏了一系列但丁作品，"包括著名的1502年阿尔丁八开本，以及1477年的那不勒斯对开本"。这种版本目录学方面的学究气和塞耶斯在语言上的一丝不苟正相称。她将生命最后13年完全投入到了翻译但丁作品的工作中。塞耶斯剔除了维多利亚译本中的曲解和过于字面的翻译，对原作进行了学术型的复原，虽然译本中还带有少量"诚然"（forsooth）这种属于维多利亚时代充满骑士精神的浪漫主义的词，但幸运的是，它与但丁所使用的语言的粗糙纹路足够接近。塞耶斯是唯一一位受到认可的女性但丁作品译者，迄今为止，她的企鹅经典译本（她将这个版本献给了英国圣公会的神秘主义者、批评家查尔斯·威廉斯）的销量比其他所有版本加起来还要多［可能凯里的译本要除外，令人好奇的是，"永恒酷计划"（Eternal Kool Project）于2005年创作的嘻哈风格的《地狱说唱》（*Inferno Rap*），其文本来自凯里的译本］。1957年，塞耶斯去世，享年64岁，她去世前仍在翻译《天国篇》。她的友人、著名的但丁专家芭芭拉·雷诺兹完成了最后一部分的翻译，但引领成千上万新读者走上阅读但丁作品之路的人仍是塞耶斯。当然，没有一版企鹅经典的译文会永远流传下去。2012年，塞耶斯的译文被罗宾·柯克帕特里克的取代，后者在翻译时抛弃了三韵句，转而使用无韵体。

在近期的其他译本中，史蒂夫·埃利斯的《地狱篇》以其粗野而辛辣的词汇［"娼妇"（tart）、"脑袋"（bonce）、"屎"（shite）］显得尤为突出。这个自由体译本使用了译者家乡约克郡的俚语和说话方式——考虑到原文的佛罗伦萨特色，这种选择是很恰当的。英格兰北部的词汇［"听命"（beck）、"泥潭"（mire）、"失望透顶"（gutted）、"小伙"（lads）］用来翻译佛罗伦萨方言很合适。事实上，译者使用的粗俗的口头表达方式，比如用"这种垃圾"（crap like this）来翻译"simile lordura"（田译本作"诸如此类的污垢"）和用"臭气熏天"（dire smell）来翻译"tristo fiato"（田译本作"讨厌的气味"），将中世纪的佛罗伦萨和现代的约克郡融合在了一起。值得注意的是，第五章中的"doloroso ospizio"（苦难的旅社）在埃利斯

的译本中被译成了"无望的旅馆"，而塞耶斯以及其他人选择了较为传统的带有中世纪风格的译名"痛苦之屋"，此名来源于中世纪的麻风病人收容所或济贫院。埃利斯将"ospizio"译成"旅馆"，不仅令人联想到中世纪人的热情好客，还把握住了但丁将这个词用在描述地狱上时所体现出的讽刺意味，令人赞叹——"旅店"通常是一个提供庇护之处。1994年，我在为报纸写一篇埃利斯的《地狱篇》的书评时，对开篇第一行的译法提出了质疑：把"cammin"译成"远足"（trek）似有误导读者之嫌：

在我们人生远足的半途中

我发现自己正身处这片黑暗森林

"远足"一词出自南非荷兰语，原意为"坐牛车旅行"，它容易令人联想到登山鞋和体育用品商店，但是，我们应该以一种魔幻的方式进入但丁的诗。埃利斯写信回击，他在信中表达了对我反对他所选之词的失望之情：

但丁的开场白已经失去了新意，我认为需要立刻尝试我想要的译法，即一种凝练而口语化的译法。"远足"也暗示着某些严厉而令人疲惫的事物，约克城俱乐部的支持者会用这个词来描述去克鲁的旅行，我的老母亲也会用它来称呼她去本地商店的路程，这个词在英语中已经显得足够自然，不再会让人联想到南非的牛车了。

埃利斯的信结尾如下：

但丁在1321年于拉韦纳去世后不久，有人将熟石膏盖在他脸上做了这个面具。但丁忧伤的神色可能源自政治流放。

去年，我在全国到处"远足"，谈论我的译本，大部分听众看起来都挺喜欢它。不管怎么说，我的译本会激发读者做出回应。汤姆森先生提到，朗费罗的"在我们人生旅程的中途"的译法优于我的，但那句话真的能激发读者的情感吗，不管是赞同还是反对的情感都好？

但丁自己认为，翻译是不可能完成的工作。"任何以和谐的形式用音律联系起来的事物，"他在哲学论著《飨宴》（*Convivio*）中写道，"都不能从一种语言被翻译成另一种语言，而不全失其温柔与和谐的特性。"然而，作品的前几行很重要，对《神曲》而言更是如此。埃利斯的"远足"要比伊丽莎白·芭蕾特·布朗宁使用的"生命之路"更好：

> 就在生命之路的中间，
> 我困惑地站在一片昏暗的树林中。

布朗宁笔下的"路的中间"令人联想到"安全""米色""不喜冒险"和"路的中间"等现代内涵，感觉太过家常亲切。现在我们来看一看威廉·黑利作于19世纪早期的译本，其中译者使用了"凡人"（mortal）一词：

> 在这个凡人纷争的季节中，
> 我发现自己正身处一片昏暗的树林之中。

黑利是一名神父，他想在译本中表现出生命的意义和死亡的意义有着千丝万缕的联系：他将但丁的诗歌看成死亡警告（memento

mori）。亨利·凯里是一位副主教的孙辈，他在翻译这句话时也加入了"凡人"这个词，值得读者注意：

在我们凡人生命的中间，

我发现自己身处一片幽暗的森林之中，迷失了道路。

黑利和凯里这两名信仰宗教的人将死亡看作从尘世烦忧之中的一场解脱——死亡提醒人们，不论医学如何进步，所有人终将归于尘土。因此，我们可以理解他们为何要加入"凡人"一词，但这个词有损但丁原文的优雅。

埃利斯、布朗宁、黑利和凯里翻译的开头几句都不坏，每一版都体现出了译者的技艺和对原意足够精准的把握，但它们读起来不太符合但丁的风格。大英图书馆现藏的47个英译本《神曲》中，没有一版可以决定如何翻译这段著名开场白中"幽暗的森林"（selva oscura）一词才最好。有的人称这片森林为"昏暗"（dusky）或"黑暗"（darksome），有的人选用了"阴郁"（drear）、"暗色"（darkling）或"变暗的"（darkened）。一言以蔽之，但丁永远是无法翻译的伟大诗人，某种无法逾越的跨文化鸿沟意味着原著中那种特别的神韵和风味无法轻易地用别人的词句重塑出来。《神曲》的开场白奇异而壮观，原文如下：

Nel mezzo del cammin di nostra vita

mi ritrovai per una selva oscura,

ché la diritta via era smarrita.

同之前的塞耶斯一样，贝尔法斯特诗人塞伦·卡森在翻译《神曲》时沿用了原文的三韵句，卡森于2002年出版了《地狱篇》，其与众不同之处十分精彩。卡森在译文中插入了18世纪爱尔兰民谣中的古体词，借此在诗中再现了一种歌唱般的音律。威廉·莫里斯在翻译荷马的作品时采用了类似的手法，他将《奥德赛》转化成了一首古怪的民谣，仿佛这首诗来自北欧大地上烟雾缭绕的宫殿。日常的骂人话使卡森的译文更接近乔叟《坎特伯雷故事集》那粗糙的纹路。其他时候，美国俚语的痕迹［"白痴"（palooka）、"叫卖词"（spiel）、"闪人"（Vamoose）］令人联想起百老汇附近街区使用的俚语，就是达蒙·鲁尼恩用的那种。卡森的译文也有政治上的考量。他特意将但丁诗中关于14世纪佛罗伦萨那些"陷于仇杀"的家族和敌对部族的段落译得令人联想到北贝尔法斯特内部的纷争和政治分裂。地狱自身拥有"边境"和"片区"。关于佛罗伦萨这座"四分五裂"的城市，但丁发问："里面有哪怕一名正义之士吗？还是说他们都是宗派主义者？"在卡森翻译的过程中，贝尔法斯特几乎不受暗杀、伏击和仇杀的侵袭，但是"宗派主义者"（sectarian）这个充满政治含义的词使《地狱篇》进入了今日的政治世界：包括妥协、橙色游行、准军事化的狂热者、"政府支持者飞地"（loyalist enclaves）、"禁行区"、乌尔斯特自由斗士以及北爱尔兰的一般性困境。当时，卡森住在旧贝尔法斯特水厂，偶尔可以听到一架属于英国军方的直升机在头顶盘旋，发出"嗒嗒"声。

　　当代其他译文也极具创新性。菲利普·特里于2014年出版了《但丁的地狱》这部讽刺作品，该书的故事发生在埃塞克斯大学校园里，该校曾以极左政治观点出名。泰德·贝利甘取代了维吉尔的地位，贝利甘是一名20世纪60年代的纽约派诗人，他上过战场，后因酗酒和使用瘾品早逝。他在诗中和蔼可亲，带领翻译家特里穿越了"忧郁的校园"，其中有许多提供资助的机构、健康安全标志和在晒不到日光的长廊上来回走动的学生。书中还有从帕丽斯·希尔顿到剪刀手爱德华等一系列角色和现代元素，它们给但丁的《神曲》注入了新的活力。牧师伊恩·佩斯里是名支持政府的政客，他"让一切都分崩离析"，代替了原本第二十八章中的先知穆罕默德。爱尔兰共和军的绝食抗议者鲍比·桑兹则撕咬着玛格丽特·撒切尔的头颅。但丁诗中的"粗糙"（rozzore）通过特里对污秽的描写和对流行语的使用表现出来（"因为嗑药和灌黄汤"，贝利甘的双眼早就不能视物）。造成2008年金融危机的腐败金融资本家和其他罪犯头子——一群有罪的"卑鄙小人"——被处以无尽的折磨和惩罚。贝利甘对2008年的金融危机做出了合适的评估，他引用了鲍勃·迪伦《战争贩子》（*Masters of War*）中的歌词，对那些应对此负责的人说道："你们挣的钱永远赎不回你们的灵魂。"

2006年，同出生于贝尔法斯特的诗人兼剧作家希恩·奥布莱恩翻译了《地狱篇》的诗体译本，其中俚语相对而言用得有些太多了［"sozza e scapigliata fante"被译成了"邋遢鬼老妖婆"（田译本作"肮脏的、披头散发的娼妓"）；"pungenti salse"被译成了"辣酱"（田译本作"这种苦头"）］。21世纪很少有译者敢于尝试翻译《炼狱篇》和《天国篇》，但是出生于澳大利亚的多面手克莱夫·詹姆斯是个例外。2013年，詹姆斯出版了他的《神曲》全译本，封面上译者名字全部大写，而且和作者但丁的名字印得一样大。和塞耶斯、卡森不同，詹姆斯没有使用三韵句；相反，他流畅地将互相交错的三韵句译成了押韵的四行诗（quatrains）。莎士比亚用四行体写诗，但他的诗歌毕竟与但丁笔下那种三位一体的神学不兼容。保留了原诗三韵句的卡森和塞耶斯同时也忠于但丁那种三位一体的精神，这种精神反映在全诗三部曲的整体结构之中。詹姆斯无法这么做，或者他也不想这么做。

　　和许多其他译者一样，詹姆斯的《神曲》译本中包含了许多古体词（"whereat""doth""aught else""yonder"*），这些词给了读者一种印象，即但丁写作用的意大利语比他那个年代的要早两个世纪，但事实并非如此。在这个译本中，老旧的短语依附在令人费解的五音部诗行之上（"脸颊贴着下巴""令人生疑的特权""高涨的骄傲"），这些句子并不符合但丁诗歌的纹路，只会令读者想到詹姆斯作为新闻记者和电视名人的三寸不烂之舌。在引言中，詹姆斯批判了塞耶斯企鹅经典译本中的不足之处：塞耶斯的译本"满是陈词滥调，又空洞无物"。但是詹姆斯同样犯了过分扩展原诗的毛病。他没有使用脚注，反而在译文中插入了原文中没有的解释性材料（米诺斯是"不道德行为的鉴赏行家"，温柔新体派诗人浮雷塞·窦那蒂是但丁的"十四行诗诗人朋友"），但丁绝不会差到做这样的解释。最终，詹姆斯的译本加起来比原诗要长三分之一。考虑到对但丁这样的作家而言，准确、精密和凝练是他作品最大的优点，上述情况就显得更加不幸了。

　　我们在讨论但丁的英译本时不能忽略 T. S. 艾略特，他就像一层

＊　这几个词的含义分别为"在此/于是"、"做/助动词"（"do"的古体）、"其他"（"anything else"的古体）、"那边"。

英国国教高教会派的大气一样笼罩在《神曲》的所有现代译本之上。以艾略特那严格的观点看来，但丁的诗歌是基督教文明的最高表现形式。这部写于中世纪的三部曲让生于密苏里的艾略特坚定地相信，现代人在精神上遭遇了海难，并强化了他强调社会服从的属于英国国教的传统政治观念。在艾略特优雅的赛艇俱乐部成员的行为方式以及考究的着装品位之下，有着一颗犹豫不决、饱受痛苦的心。他无法"抓住现在"，充分享受生活。他年轻时喜欢用手摇留声机听爵士乐，但在男女关系上极度害羞。1915年他结了婚，但婚后，妻子薇薇安·海伍德很快就开始举止狂野，与哲学家伯特兰·罗素（根据四散的流言）以及其他人关系暧昧。艾略特似乎并没有用出轨来报复妻子，但是渐渐地，薇薇安错乱的精神状态和艾略特的压抑纠缠到了一起。1921年，一名神经科专家建议艾略特从劳埃德银行辞职，去马盖特吹吹海风放松一下。《荒原》一诗就出自艾略特的情感湍流之中，诗中包含溺水的人、哀愁的阴影、烟尘覆盖的伦敦街道和肮脏破败的出租屋中浮皮潦草的性爱等意象，这些意象暗示着诗人压抑无比、沉默寡言的内心。"我没想到死亡毁坏了这许多人。"★这句对伦敦高峰时期的上班族的评述出自《死者葬仪》——此处艾略特借用了《地狱篇》第三章第57行中的用语，但是艾略特在潜意识中可能受到了雪莱的短诗《地狱》的影响（有趣的是，据我所知，这一点至今还没有别人提到过）。

★《荒原》，赵罗蕤译。译文引自《荒原：T. S. 艾略特诗选》，第48页，赵罗蕤、张子清等译，北京燕山出版社，2006年版。

地狱是一座和伦敦很像的城市——

人口稠密，烟雾缭绕；

各式各样的人都在这里死去，

城中没有一丝欢乐；

正义很少出现，怜悯更少。

　　艾略特在《四首四重奏》的第四首，也是最后一首诗《小吉丁》中，尝试了三联韵，显然是在模仿但丁。他的第一部诗集《普鲁弗洛克及其他》(*Prufrock and Other Observations*)中第一首诗《J. 阿尔弗瑞德·普鲁弗洛克的情歌》(*The Love Song of J. Alfred Prufrock*)的引言来自但丁的诗歌。在艾略特的《论文选集》中，作者提到但丁的次数比提到除了莎士比亚之外的作家都多。艾略特崇拜但丁这位（用谢默斯·希尼的话来说）"国际现代主义的长着鹰钩鼻的代言人"，然而又对"翻译腔"持怀疑态度，对那些读起来通常不够流利和优雅的但丁译文避之不及。作为替代，他摘录并"偷窃"了但丁的诗歌。要想译好但丁的作品，一本词典可远远不够。艾略特相信，从这位托斯卡纳诗人身上摘录和"偷窃"要比单纯模仿他更好。

＊＊＊＊＊＊

电影中的但丁

但丁是一位属于意大利人民的方言作家：既试图重塑市井的语言，又试图用意大利的口头传统讲述故事。意大利诗人兼电影导演皮埃尔·保罗·帕索里尼的作品特色也是方言。帕索里尼在1963至1965年间重写了《神曲》，以批判意大利的消费社会。帕索里尼的散文体译本只完成了前两章，他准备出版的手稿在因缘际会下被人在一张桌子的抽屉中发现。（"我把这几页作为一份'文档'印出来，但我这么做也是为了故意激怒我的'敌人们'：事实上，我又给了他们一个鄙视我的理由，也又给了他们一个下地狱的原因。"）1975年帕索里尼53岁，他在这一年遭到谋杀，一周之后，《神曲仿》（*La divina mimesis*）出版了。

该书充满了作者对美式物质主义、宗教犬儒主义和政治投机主义的憎恶之情。与之前的但丁一样（"唉，奴隶般的意大利，苦难的旅舍"），帕索里尼对他认为导致了国家衰亡的政治家和其他卑鄙小人怀有满腔怒火。在他的计划中，这些诗章是一段环游意大利新资本主义"地狱"的但丁式旅程的一部分。在第一章中，作者身处"人生中十分黑暗的时刻"（un momento molto oscuro della mia vita），所处的地点是罗马郊外的一座村庄（borgata）*——就在讨人嫌的格里高利七世大道这条高速公路边上。时间是4月一个周日的早晨，可能是在复活节周，中年的帕索里尼像一个"孤岛求生的人"（naufrago）一样迷失了方向，直到他遇见了一名维吉尔式的向导，才从绝望中挣脱出来。这名向导不是维吉尔，而是帕索里尼本人，

★ 很多劳工聚居在这些类似贫民窟的区域之中。

或者说是20世纪50年代的年轻版的帕索里尼，当时他还对意大利的未来满怀希望，为一种天主教传统与葛兰西思想相结合的政治意识形态欢欣鼓舞。年轻的帕索里尼对年老的自己说："我是一道阴影。"（Sono un'ombra.）在他们之后的对话中，读者了解到许多关于10年前的帕索里尼的事。和但丁一样，他是一名用方言写作的诗人，他写作典雅的诗歌是受到了吟游诗人传统的启发，用以拉丁语为基础的弗留利语（Friulian）写作，这是意大利东北部某些地区的居民的语言。

1943年，帕索里尼毕业于博洛尼亚大学文学专业，随后，他和双亲一同迁居到了卡萨尔萨·德拉·德利齐亚，这是弗留利区与南斯拉夫接壤地带的一个小镇。这个时期他创作的弗留利语诗歌充满了悲伤，还有政治上的深意。法西斯主义敌视意大利方言的多样性（以此类推，也敌视但丁本人的语言混合性），因为这种多样性对墨索里尼的罗马政权的伟大荣光所要求的服从和统一构成了威胁。然而，借用葛兰西的术语来说，方言诗歌的存在本身能够使弗留利地区的农民群体"具有历史意识"，而帕索里尼将会成为他们这种意识的公认立法者。假如帕索里尼没有读到葛兰西的著作，他的这些想法也许只是年轻人的空想而已。

"通俗民族主义文学"是葛兰西极为关心的话题，这种文学将把被边缘化的意大利民族和他们的方言也包含在内。6个世纪前，但丁也是怀着一种类似的愿望写下了《论俗语》。帕索里尼在20世纪50年代中期刚到罗马的时候就想将弗留利和罗马两地贫民的生活和语言融合起来。为此，他成了战后罗马城里流离失所、受苦受难的人们的捍卫者，将葛兰西的左翼思想和与但丁类似的圣方济各式的天主教教义结合起来。（贫穷的人们是有福的，因为他们免于邪恶的三位一体的影响：物质主义、理性主义和财富。[*]）在内心深处，帕索里尼狂热信仰天主教中倡导自愿保持贫穷的教义，根据这种教义，评价教会的标准不是以其积攒的财富，而是以基督和福音书所立下的标准。他把自己最著名的一部电影《马太福音》（1964年）献给了教皇若望二十三世。

帕索里尼的成名作《生活的年轻人》（ *Ragazzi di vita* ）出版于1955年，在这部小说中，作者讲述了战后罗马城里的一群年轻人因生活每况愈下，最终坠入犯罪深渊的故事。这部小说大部分用罗马方言写作，帕索里尼想借此提醒所有意大利人，他们过去基本上忽视了这门方言。这是他一生中与他口中"大佬们的语言"（la lingua dei padroni）所作的漫长斗争的一部分。此处，但丁的影响力又彰显出来。尽管但丁用佛罗伦萨方言创作了《神曲》，但他对构成这门方言基础的无数次级语言也拥有浓厚的兴趣：黑话、特殊用语、外国谚语、阿拉伯语、普罗旺斯语、西西里语以及最重要的拉丁语，它是佛罗伦萨方言的源头。但丁的"多语性"（plurilingualism，这个著名的术语由意大利语言学家简弗兰科·康提尼创造）中混合了高低两种语域，这一点对帕索里尼的方言艺术造成了深刻影响。

《罗戈帕格》（ *Ro. Go. Pa. G.* ，1963）是一部由多位导演合作拍摄的电影，其中片长35分钟的《软乳酪》（ *La rocotta* ）由帕索里尼

民也将自己的方言和道德准则一并带到了罗马。他住在建于法西斯主义时代的一个叫提布尔提诺三号（Tiburtino Ⅲ）的郊区村庄，当地还保留了一些为帕索里尼所珍爱的未经污染的半乡村"意大利小家园"（l' Italietta）的气氛。村庄外围遍布破损的脸盆、鸡粪、婴儿车、鞋子和长满了罂粟花的旧轮胎，呈现出一幅但丁式的混合了诗意和污秽的景象。佩罗西曾因为无业而沦为罪犯，还加入了意大利主要新纳粹党派之一的意大利社会运动（MSI）*。在帕索里尼看来，战后的意大利是一艘"暴风雨中无舵手的船"†。在不到20年的时间里，意大利就不再是一个农业国，而一举成为西方世界的主要工业国之一。帕索里尼真诚地相信，这一转变对社会的撕裂程度连法西斯主义也未曾达到。

　　谋杀帕索里尼的犯罪现场位于罗马菲乌米奇诺机场附近的贫民区伊卓斯卡洛，这是一块贫瘠的废土，简陋的棚屋散布在一片肮脏发黑的海滩上，远处是新奥斯提亚（Nuova Ostia）的贫民窟。佩罗西声称，在谋杀发生当晚，至少还有三名其他袭击者也在现场，甚至连佩罗西自己也不知道这三人究竟是什么身份。然而，多年之后佩罗西回忆道，他们"西西里口音很重"，而且帕索里尼可能认识他们，因为他曾在西西里的卡塔尼亚城和附近埃特纳火山坡上拍摄过电影。［帕索里尼1968年的电影《定理》（Teorema）由特伦斯·斯坦普主演，在影片的末尾，一名裸体中年男子在埃特纳火山如同炼狱一般的黑色沙地上跑过，像极了《地狱篇》第十五章中勃鲁内

---

　* 意大利文名为"Movimento Sociale Italiano"，于1995年解体。

　† 《炼狱篇》第六章，第77行。

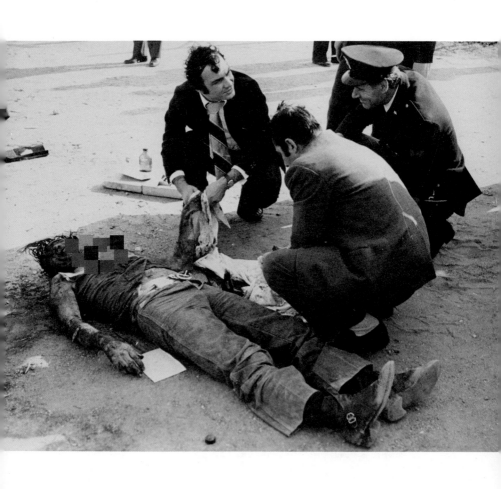

1975 年 11 月，皮埃尔·保罗·帕索里尼的尸体在罗马郊外奥斯
提亚的伊卓斯卡洛的沙滩上被发现，图为犯罪现场。

托·拉蒂尼在燃烧的沙地上裸体赛跑的场景。帕索里尼后来的电影
《猪圈》(*Porcile*)也有部分是在埃特纳火山黑色的沙漠中拍摄的。]
据称,有个袭击者在用重物把帕索里尼殴打致死的过程中用了卡塔
尼亚方言中的"jarrusu"(死基佬)一词——帕索里尼被谋杀之时听
到的竟是一门他喜爱的方言中的一个词。

　　在帕索里尼写于1957年的史诗作品《葛兰西的骨灰》中,我们
可以感受到但丁对他的深刻影响。这首长诗用但丁式的三韵句写就,
复兴了意大利民族主义"公民"诗歌的传统,以个人口吻评述该
国政治和历史。帕索里尼孤身一人处在罗马城里塞斯提伍斯金字塔
(Pyramid of Cestius,雪莱在1821年写给济慈的挽歌《阿多尼》中提
到了这座金字塔)隔壁的英国人墓园中,他向在台伯河畔的街道上
行走的人们以及泰斯塔西奥(Testaccio)[★]的废旧金属商人们传播他
的"公民信息"。在诗中(这是"二战"之后在意大利诞生的最大胆
的诗歌之一)帕索里尼只能将他和罗马穷人在情感上的交融比作雪
莱的青年理想主义情怀:

> ……啊,我是如此
> 理解,在风的湿润中嗡嗡作响的
> 是沉默,在这里罗马也沉默,
> 在疲惫焦躁的柏树林中,
> 就在你的身旁,灵魂啊,碑文上刻的字喊出大名
> 雪莱……

★ 罗马的一个区。

这首如音乐般忧郁的墓园诗歌表现了天主教将死亡视为一条通往精神救赎的道路的观念。在帕索里尼的第一部电影，拍摄于1961年的《乞丐》（*Accattone*）中，影片开篇是一句引自《炼狱篇》第五章的诗行："上帝的天使带走我……"在结尾处，身为盗贼的男主角阿卡托涅（Accattone，在罗马方言中意为"乞丐"）遭遇交通事故之后躺在街上，垂死之际，他低声说道："现在我一切都好。"（Mo'sto bene.）阿卡托涅从罗马城地狱般的盗贼地下世界来到了救赎的领域，并获得了诗人卡瓦尔堪提所说的"从死亡中寻求的慈悲解脱"。这部电影充满了令人瞠目结舌的感官现实主义，影响了马丁·斯科塞斯和年轻的贝纳尔多·贝托鲁奇。

　　令人惊奇的是，虽然《神曲》十分受欢迎，但它几乎从未被改编成电影。20世纪70年代早期，佛罗伦萨导演弗兰科·泽菲雷里邀请达斯汀·霍夫曼在一部改编自《地狱篇》的电影短片中扮演但丁。由于资金不足，这部电影未能实际拍摄。草图和布景设计目前正在开张于2017年的佛罗伦萨泽菲雷里中心展出。泽菲雷里看过由米兰电影公司的弗朗西斯科·贝托里尼、朱塞佩·德·里格罗和阿多弗·帕多万导演的1911年版默片《地狱》（*L'Inferno*），该片制作时间超过3年，也许是第一部真正意义上的票房大片，仅在美国一地就赚了200万美元——折算成今天的币值约为4500万美元，就当时而言，数目实在庞大。本片的三位意大利导演极为依赖19世纪法国艺术家古斯塔夫·多雷带给他们的灵感，多雷为但丁的作品绘制了

下页图

1957年，皮埃尔·保罗·帕索里尼拜访安东尼奥·葛兰西位于罗马的英国人墓园的墓地，济慈和雪莱也安葬在此处。

阴沉的新哥特风格插图。

这部电影是哥特式幻想、扭动的裸体人群以及滚滚浓烟（还伴有爆裂的烟花）的大拼盘，放射出一种黑暗的超自然景象。该片拥有杰出的意象派风格场景，令人惊异于它作为 D. W. 格里菲斯默片作品的先驱，竟然被人们忽视了这么久。影片中很多镜头都是静止不动的，但是长着皮质翅膀的鬼卒们会挥舞着三叉戟跳到镜头中来，而"虔诚的诗人"维吉尔则试图将他们赶开。穿着白袍的贝雅特丽齐在一股超然光辉的笼罩中悬浮于半空。在一个令人不适的场景中，一群可怜的裸体鬼魂为了前往他们所属的惩罚场所，在争相登上喀戎的渡船时打了起来。如同《地狱》中很多罪人一样，这些人在接受悲伤、折磨和痛苦时获得了一种奇怪的成就感。喀戎用船桨把他们击退：他们的数量实在太多了。印加神话将地狱想象为一片寒冷的沙漠（那里的罪人只能吃石头），可能与这部电影中的场景有几分相像。观众很难忘记这些罪人痛苦万分的面相。令人失望的是，这部电影在2004年发行DVD时配上了由德国电子乐队橘梦乐团（Tangerine Dream）作曲的宇宙音乐。所谓"宇宙音乐"（kosmische music），声音缥缈虚幻，充斥着毫无节奏的"嗡嗡"声，就算在音乐最精彩的高潮部分也只是令人昏昏欲睡而已。这段新配乐显得过于夸张，歌词唱得很假，合唱部分也装腔作势。在电影结尾，但丁和维吉尔遇上了在外貌上喜剧和怪异色彩兼备的路西法，他一半身体从结冰的海洋中冒出来，皮质双翼展开，嘴巴里咀嚼着布鲁图斯、卡西乌斯（这两人背叛了恺撒）和加略人犹大这三

1911年意大利默片《地狱》的宣传海报。画中维吉尔身着白衣。

个大叛徒。之后，但丁和维吉尔一扭一摆地沿着路西法一簇接一簇结了冰壳的毛皮往下爬，最后从一块岩石的缝隙中爬了出来，进入炼狱。字幕向观众解释道："两位诗人离开了地狱。他们再次见到了群星。"观众了解到，在不到一周的时间内，但丁将会回到地上世界，讲述他的故事。

英国电影导演彼得·格林纳威对但丁将"高雅"和"低俗"两种语言混合起来的做法饶有兴趣。格林纳威在《地狱》发行80年后，和出生于伦敦克拉彭区的艺术家、但丁翻译家汤姆·菲利普斯合作拍摄了一部改编自《炼狱篇》前八章的电视剧。1990年，这部剧在英国第4频道播出，名为《电视版但丁》（A TV Dante），该剧使用了当时顶尖的电子媒体来塑造但丁的地下世界。诗歌开篇的"幽暗的森林"是一座夜间的现代都市，可能是纽约的钢筋水泥丛林，警笛依稀可闻。一头由电脑合成的豹子无精打采地从屏幕中间走过，后面跟着一头狮子和一匹母狼。大卫·爱登堡突然跳出来，向观众解释狼在中世纪欧洲的声名。他是最先出现在这部片子里的学术解说员。这部迷你剧从扮演维吉尔的约翰·吉尔古德那儿获益良多，他用夸张而阴森的语调吟诵道："此乃绝望之城……进门者，放弃希望吧。"随后是一阵绝望的哀号。

但丁的《神曲》要怎么改编成一部电影短片呢？斯坦·布拉哈格迷人的《但丁四重奏》（The Dante Quartet）完成于1987年，它像活了过来的杰克逊·波洛克画作一样令人眼花缭乱。这部片长7分钟的电影花了6年才制作完成，模拟了抽象表现主义：像用布拖出来的蓝色、微红的金色、红色和飞溅出来的绿色在银幕上像弄脏玻璃窗的液体一样变化着。布拉哈格是美国最受人尊重的实验性电影制作人之一，他说他想"重新创造"但丁处于心烦意乱之中那种意识状态，因此把颜色鲜艳的颜料直接涂在电影胶片上，创造出一种如同快速旋转的思绪般的效果，将但丁塑造得如同一名描写内心的现代诗人。《地狱篇》中那如同墓地一般的无情夜晚看上去仿佛蒸发了似的。"地狱一定是美丽的，"布拉哈格解释道，"否则人们就不会在那里花这么多时间了。"

布拉哈格同时代的战后美国艺术家罗伯特·劳森伯格的作品中，但丁被以另一种不同的通俗语言表现出来。劳森伯格天才地将《体育画报》中打高尔夫的人和举重的人的照片、一则《生活》杂志上的除臭剂广告、《纽约先驱论坛报》上的约翰·F.肯尼迪和理查德·尼克松的新闻照片叠加在模糊的水彩画与用铅笔和蜡笔画的背景之上，制作出一幅20世纪风格的冥府景象。他的"但丁《地狱篇》的34幅插图"（1958—1960年）从1963年起就被收藏于纽约的现代艺术博物馆，用当代的美国习语丰富并重新阐释了《地狱篇》，令人难忘。劳森伯格用他著名的"溶剂转移法"创造出一种令人毛骨悚然的效果：用打火机燃料将杂志插图沾湿，用一支圆珠笔在它们的反面摩擦，从而创造出原图鬼魅般的复制品。喀戎的驳船成了一条幽灵般的运油船；原本满是沥青的狄斯城中，油井架和高烟囱熊熊燃烧；维吉尔则是美国宇航局一名穿着宇航服的试验飞行员。

劳森伯格从约翰·西阿弟的诗体《地狱篇》译本中寻找灵感，20世纪50年代中期，这个译本仅在出版后的最初6个月中就卖出了超过50万册。西阿弟的译文凝练朴素，有些美国批评家高兴地表示译者使用了一种"富有男子气概，仿佛绷紧了一般的美国式"方言。虽然劳森伯格并不会说意大利语（此外他还有很严重的阅读障碍），但是他把西阿弟看作带领他领略《地狱篇》这部中世纪晚期诗歌之美的"维吉尔式向导"。在第二十一章中，撒旦的手下巴尔巴利洽在但丁附近放了一个响屁，劳森伯格用了1959年《生活》杂志上一张戴着防毒面具的尼亚萨兰（今称马拉维）防暴警察的照片来代表巴尔巴利洽和他手下那帮为非作歹的鬼卒，包括马拉科达（Malacoda，含义为"恶尾"）在内。观众在插图中可以感知到种族主义和一种别扭的同性恋倾向存在的痕迹。劳森伯格是个在恐同的美国工作的同性恋，对但丁将自己的恩师勃鲁内托·拉蒂尼描写成在地狱中游荡的性变态者这一点感到十分不安。但丁在没有法庭证据的情况下，永久性地污损了拉蒂尼的名誉（到今天为止，拉蒂尼更多地以一名同性恋形象为人所知，而不是伟大的13世纪人文主义者和佛罗伦萨的公民英雄，这还真是要多谢但丁了）。劳森伯格说，拉蒂尼因疑似同性恋受到惩罚，"但丁可能对此不为所动"，"但我却很受困扰"。在这幅用溶剂转移法绘成的图画中，拉蒂尼由跨栏短跑双料冠军格伦·戴维斯代表，原图是由《时代》记者拍摄的一张照片，其中戴维斯起跳后正处在半空中。可能劳森伯格想将奥运会运动员和同性恋群体隐晦地联系起来——这两个群体都强调身体的美以及20世纪50年代美国的公共浴室文化。也可能劳森伯格只是在单纯地表示拉蒂尼是他那场跨栏比赛的"冠军"。

人们可能会问，像劳森伯格这样一名出生在得克萨斯的标新立异的新达达主义者，很可能还是个无神论者，在但丁的作品中读到了什么？劳森伯格对关于但丁的学术研究毫无兴趣，他还承认对诗人的基督教"道德说教……感到厌烦"（他父母是原教旨主义基督徒）。但丁笔下的地狱中那令人不寒而栗的气氛，以及其中来回游荡的幽灵和寒冰覆盖的区域，和当时那个被种族暴乱和冷战带来的敌对气氛所分裂的美国有很多共通之处。1956年，此时距离西阿弟的译本面世已经过了两年，赫鲁晓夫治下的苏联似乎体现了20世纪50年代后期的惊人科技发展，苏联发射了第一颗人造卫星，一个拥有优美外形的吉尔牌汽车、精巧的小玩意儿和"舒适生活"的新时代揭开了序幕。劳森伯格的但丁系列插画也被加入了这种科学冒险精神的风味。这系列作品是劳森伯格作为一名后抽象表现主义艺术家的发展过程中的一座里程碑：它为他在1964年夏天的威尼斯双年展上大获全胜奠定了基础。那一年他获得了大奖，从此就远不仅是一个提供动物填充玩具、油漆过的床以及在纽约人行道上找到的物件的波普艺术家。

古斯塔夫·多雷为《神曲》创作的插画体现出一种对上帝的有些夸张的敬畏，它们在表现哥特式恐怖和天国的荣光方面至今无与伦比。劳森伯格曾说他"讨厌"多雷的插画：里面实在有太多粗糙的、如同雷鸣一般的诗篇和野蛮丑陋的人与物，他不喜欢。多雷的《神曲》于1868年首次由法国阿歇特出版社出版，体量巨大，外观严肃，书页边缘用金色装饰。这部书马上成了畅销读物，多雷也借此成为他那个时代最成功、最有名的插图作者。但这还不是多雷的人生巅峰。一年后，英国记者布兰查德·杰罗尔德邀请多雷与他合作完成一本关于伦敦的书《伦敦：一次朝圣》（*London: A*

Pilgrimage），这本书于1872年面世，讲述了一段但丁式的伦敦之旅，或者说是一次前往这座令人心生宗教敬畏感和恐惧感的城市的"朝圣"。多雷的版画向读者揭露了一个阴影世界，里面有翻找骨头的人、卖花的人、卖冰块的人、喝杜松子酒的人，以及其他位于人类社会已知的底层的无家可归的人。杰罗尔德陪伴着多雷－"维吉尔"穿过一座大都会式的地下世界，那里的妓女谈论着在舰队街附近的贫民窟里进行的快速而没有乐趣的金钱交易。贫困和悲惨生活的景象如同走马灯一般从读者的眼前闪过。在杰罗尔德的图景中，伦敦是一座拥挤过度的劳务市场，但丁的灵魂悬浮在这一图景之上。

维多利亚文学受到了但丁的巨大影响。詹姆斯·汤姆逊在《恐怖夜晚之城》这首长诗中发出了苦恼的哀叹。这首诗写于1870至1874年间，充斥着《地狱篇》的意象。出生于苏格兰的汤姆逊漫无目的地穿过标题里那座黑暗之城（也许是伦敦，也许是格拉斯哥）死寂的街道，被失眠折磨得形容枯槁。和 W. B. 叶芝口中的但丁一样，汤姆逊是名"被魔鬼附身的男子"，魔鬼驱使着他写作（也驱使他喝酒）。这首诗的篇首语来自《地狱篇》的第三章"由我进入愁苦之城"（Per me si va ne la città dolente）。汤姆逊在城中漫游时遇到了一个愤怒的老人，老人像贝克特戏剧中的人物那样在一条沟渠中费力前进，试图找回早就失去了的童真。这首诗中如影子般的"蛮荒的树林"和"邪恶的阴影"等意象在 T. S. 艾略特的《荒原》中留下了印

由战后美国艺术家罗伯特·劳森伯格用溶剂转移法创作的《地狱篇》第四章的插图。在画面右上角，依稀可见罗马的君士坦丁凯旋门，原照片出自1958年的一期《体育画报》。

古斯塔夫·多雷绘制的伦敦考文特花园七晷区（Seven Dials）的
贫民窟，画作和多雷所作的《神曲》插图风格类似。该图来自
1872 年布兰查德·杰罗尔德报道社会状况的书《伦敦：一次朝圣》。

记，后者所使用的"干旱"和"不育"等意象带有汤姆逊的痕迹。

　　但丁在西方文学上投下了长长的影子——自14世纪以来，这种影响一直延续至今。这道影子在马尔科姆·劳瑞的杰作《火山之下》中透出了一道强光。小说的故事发生在墨西哥的库埃纳瓦卡，亡灵节那一天，故事主线是杰弗雷·费明人生的最后24个小时。费明是前任英国领事，在波波卡特佩特火山阴影的笼罩下，他饮酒成瘾，陷入绝望，不能自拔。劳瑞的天才之处在于他将费明的酒瘾转化成一部普世性的寓言。劳瑞的文字如同乔伊斯的一般成熟，探索了所有人作为人的不确定性。作者通过观察自己的上瘾行为来探索人的本性究竟为何，以及人类如何克服人性中的弱点，这些话题正是但丁所关心的。《地狱篇》中，罪人经常被描述为"如同野兽一般跟随欲望"（seguendo come bestie l'appetito）*。罪人们在阴影中痛苦地爬行，当这些可怜虫在自己的罪恶和困境中烦恼忧愁，他们旧有的欲望会被重新唤醒。

　　劳瑞笔下酗酒成性的前领事就是他本人，劳瑞无法"净化自己"。在劳瑞的计划中，他的所有作品——三部未完成的长篇小说，六七篇短篇小说，几百封信件和诗歌——将组成一个被称为《永不完结的旅程》（The Voyage that Never Ends）的巨大连续体，而《火山之下》处于连续体的核心位置。这个计划仅有残篇留存，但劳瑞幻觉般的中篇小说《硝酸银》（Lunar Caustic）代表了炼狱。这部发表于1935年的作品取材自劳瑞在纽约的贝尔维尤精神病医院治疗药

---

* 《地狱篇》第二十六章，第84行。田译本作"像兽一样顺从性欲冲动"。此处作者泛指人的一切欲望。

瘾的经历。在某些方面，费明的墨西哥式地狱对应着劳瑞的地狱，因为包括劳瑞在内的一批注定要走上绝路的诗人在罪恶中见到了某种崇高的事物，这批人包括詹姆斯·汤姆逊、哈特·克莱恩、埃德加·爱伦·坡、阿尔蒂尔·兰波以及被劳瑞用双关语称呼为"耶罗尼米斯·博斯*的酗酒者"（Alcoholics Hieronymous Bosch）的那群如同生活在地狱中的人。1957年，48岁的劳瑞因服用巴比妥酸盐过量去世，生前他的境遇每况愈下，药瘾越来越大，戒除的努力全部以复吸告终。

爱尔兰人在现代最伟大的但丁阐释者中占有一席之地。W. B. 叶芝在他出版的散文中提到了但丁90次，还在10首诗歌和3部戏剧中改写了但丁的作品。叶芝在《得到安慰的库丘林》这部作品中系统性地模仿了但丁的风格。诗中，这位爱尔兰神话中的英雄在冥界的"亡者中间"阔步前进——冥界中有懒洋洋的火焰和来回穿梭的悲伤阴影。这首用但丁式三韵句写成的诗完成于1939年，叶芝去世两周前。1934年，叶芝的同胞萨缪尔·贝克特发表了他的第一部短篇小说集《徒劳无益》（More Pricks than Kicks）。小说集的第一篇《但丁与龙虾》向读者介绍了贝拉夸·舒阿赫这名饮酒无度、爱吃高贡佐拉奶酪的都柏林学生，他的名字来源于《炼狱篇》第四章中的佛罗伦萨乐器工匠贝拉夸。但丁见到贝拉夸时，他正与其他灵魂一同坐在一块巨石下，这些人生前拖延了很久才忏悔，现在他们也要在那里等待同样长的时间。他们可能要花上数百年才能完成净化的过程，

---

* 15—16世纪的荷兰画家，其作品经常描绘人类的罪恶，使用大量的象征手法，充满想象力。

在炼狱山的每一层都要等很久。贝拉夸是个懒惰惯了的人，他为贝克特提供了一个以"等待"作为存在方式的文学原型。

"出于某种奇怪的理由，我确实在很早的时候就迷上了这个人物，并花了很大力气去加深对他的了解，"贝克特在一封1958年的信中是这么讲贝拉夸的，并补充道，"可是，人们对他所知甚少，只知道他是佛罗伦萨一个制作鲁特琴的乐器工匠，他是但丁的朋友，以懒惰和冷淡著称。"在贝克特不加标点的小说《是如何》*（1961年）中，贝拉夸全然是一名贝克特式"被动的人"（homo patiens），他动弹得越来越少："贝拉夸厌倦了等待，向身体的一侧倒下……"贝克特如此写道。和但丁的著作一样，贝克特作品的伟大之处是无法与一种对死亡和死去的过程的宗教认知割裂开来的。我们如何评判人类的行为？生命中——或是死亡中——究竟什么才是重要的？贝克特的散文时常如隐者般语焉不详，向读者传达着一种上帝不在场，以及众多终结了的生命在很久之前就已经被刻意忘却的感觉。在贝克特1933年的诗歌《马拉科达》中，诗人唤起了他父亲去世时那难以言喻的悲伤。他把前来将尸体装进棺材带走的戴着黑色圆顶硬呢帽的送葬者们比作"长有利爪的魔鬼"，即《地狱篇》中的"马拉勃朗卡"（malebranche†，诗歌的标题就来源于其中一名鬼卒的名字"马拉科达"）。

如果说古斯塔夫·多雷让读者感受到的是地狱中的一片漆黑的

---

* 该小说用法语创作，原名 *Comment c'est*。

† 字面含义为"恶爪"，指鬼卒的爪子和手中的叉子，地狱"恶囊"中的鬼卒被统称为"马拉勃朗卡"，每个鬼卒还有自己的名字。

话，那么桑德罗·波提切利在他为但丁作品创作的插图中则采用了一种平静的图像风格，这些插图甚至有种独特的幽默色彩。劳森伯格非常热爱这些画，贝克特也是如此（他为错过1965年劳森伯格但丁系列插画在柏林的展览懊恼不已）。1480年，美第奇家族委派波提切利绘制了一批《神曲》题材的画，它们十分美丽，带有梦幻般的超然色彩，作画时画家使用了棕色的墨水和小牛皮。画中，贝拉夸的双臂紧紧抱住了自己的膝盖，如同胎儿一般，这景象令贝克特着迷。画的线条如蛛丝一般纤细，是精确的文艺复兴绘画（disegno）的一个奇迹。贝克特在他早期的短篇小说《回声之骨》（Echo's Bones，按计划，这是《徒劳无益》中的最后一篇）中也写到了贝拉夸，他在这篇故事中先是在医院的手术中去世，后又在一个但丁风格的冥界中复生，那里怪异的阴影缠绕着他，其中有一个仿佛从童话故事中走出来的巨人，名叫"苦艾的虫瘿大人"（Lord Gall of Wormwood），头戴一顶带有流苏的红色土耳其毡帽。

　　劳森伯格在波提切利的但丁插画中观察到一种"卡通"元素。但丁这名朝圣者兼诗人经常在一页中出现好几次，就像漫画和逐格动画一样。波提切利并没有使用但丁原文看上去要求的那种骇人图形，反而使用了一种"得体的图像"（pictorial propriety，沃尔特·佩特如是说）。在波提切利的笔下，路西法的翼膜、骨骼、关节、利爪，以及巨大的蝙蝠翅膀都像画家研究过动物学一般精确，令人联想到波提切利的同代人列奥纳多·达·芬奇的解剖学素描。波提切利当然有过把这批画全部上色的计划，但是在（我们已知的）92大张牛皮纸上的全部画作中，只有4张上了色。奇怪的是，波提切利的许多插画看起来很现代，在但丁终于摆脱了肉体的限制之后，他和贝雅特丽齐一道朝着天穹的顶端飘去，越过了《圣经》中的光河，飞过了一个个星系，一颗颗银星。在这里，但丁"崇高的想象力"（alta fantasia）可谓光怪陆离。贝雅特丽齐将她可爱的脑袋转向诗人，后者举起了双臂，他的面庞上是一副面具般的恐慌表情，仿佛被麻醉了一样。

　　但丁为18世纪晚期从威廉·布莱克到亨利·福塞利的众多英国艺术家提供了灵感。但是最优雅柔美的但丁插图由生于约克的新古典主义制图员兼雕塑家约翰·福莱克斯曼创作。他的画被简化限制到了朴素的地步，用极简的手法表现出了极大的戏剧张力。1787年，这位小个子驼背艺术家前往欧洲大陆，在罗马居住了7年，其间成了一位以简洁轮廓著称的大师——他在之前为制陶工匠乔舒亚·威基伍德工作时就已完善了这项技艺。福莱克斯曼的但丁插画首先于1802年在罗马问世，对雅克·路易·大卫和戈雅这批欧洲大陆艺术家产生了巨大的影响。1807年，这批画以一本书的形式在伦敦出版，即《皇家艺术学院院士、雕塑家约翰·福莱克斯曼作品集：选自〈但丁·阿利吉耶里的神圣诗歌，包括地狱、炼狱和天国〉》（ *Composiotions by John Flaxman, Sculptor, R. A., from the Divine Poem of Dante Alighieri, containing Hell, Purgatory and Paradise* ）。此书讲述的是人类普遍的经历：失落、不安、恐惧、悲哀、丧亲，以及爱情。贝雅特丽齐如魅影一般在书页间移动，身上长袍那飘动的线条令人

下页图

桑德罗·波提切利给《神曲》绘制的一幅插图的局部。
图中，但丁和维吉尔在向下穿越地狱的第八层时各
自出现了6次，如同现代的逐格动画一般。

联想到古希腊花瓶和檐壁（frieze）上装饰的浮雕：简洁的新阿提卡（neo-Attic）风格的线条，没有阴影。路西法是个有着美丽的加粗轮廓的石像鬼（gargoyle）一般的怪物，而贝拉夸像个孩子一般蜷缩着，坐在地上痛苦地等待着。就像但丁对自我了解的追求在天国中告一段落一样，福莱克斯曼神秘而抽象的《至福直观》（The Beatific Vision）*宣告他完成了对《天国篇》的解读。在这幅画中，天国灿烂夺目的各层被用颜色极淡的黑色标记蚀刻在纸上，就像袖珍的钢琴琴键。上帝位于图的正中心，轮廓用小点画成。这幅图的设计之怪异如同科幻小说中的场景。

不可避免的是，对但丁作品的流行改编集中在诗人的地狱之旅上。对哥特复兴主义者来说，但丁为他们提供了各式各样的骇人奇想。亨利·福塞利是与福莱克斯曼生活在同一时代的"崇高风格"的大师，他以《地狱篇》为题材创作了5幅油画和13幅素描。福塞利被德国"狂飙突进"（Sturm und Drang）运动所强调的处于萌芽状态的恐怖这一概念所吸引（他于1741年在苏黎世出生，德语是他的母语）。《盗贼的惩罚》一画完成于1772年，画中，《地狱篇》第二十四、二十五章中的盗贼变成了在地上爬行的毒蛇。福塞利主要着眼于死亡和与死灵有关的幻想，所以只作了一幅取材自《炼狱篇》的素描画（他没有从《天国篇》中找过绘画素材）。福塞利的朋友威廉·布莱克也一样，从但丁的作品中描度到了一种黑暗的超自然元素。

★ 即基督徒在天国中直面上帝。

Un punto vidi che raggiava lume
Acuto sì, che 'l viso ch' egli affuoca
Chiuder conviensi per lo forte acume.
Paradiso Canto
28.

约翰·福莱克斯曼绘制的《天国篇》第二十八章的插图。朝圣者但
丁看到的宇宙中心那个无限明亮的点就是上帝。

下页图
亨利·福塞利于1772年创作的《盗贼的惩罚》，取材自《地狱篇》
第二十五章，在这一章中但丁和维吉尔遇见了遭到毒蛇攻击的群盗。

当布莱克于1827年在伦敦去世时，他被遗忘得相当彻底。他有一首神秘的诗歌《老虎》进入了诗歌选集，但他并不作为艺术家为人所知。布莱克的《神曲》插图在他去世时尚未完成，当时的人们把这些画看成一个"疯子"的作品。这位艺术家兼诗人饱受胆囊炎的折磨，他弯腰坐在绘图本前，成功地画出了120幅水彩画，其中一些几乎只用铅笔打了草稿。这批画整体而言强调了但丁对物质主义和金钱在道德上的谴责，这种观点吸引了布莱克，后者曾公开反对早期资本主义阶段的英国开设的黑暗而邪恶的磨坊。毫无疑问，布莱克认为自己能够和但丁并驾齐驱。在他的插画中，微弱的火焰和狂喜，与灼热的火焰和狂野凶暴的痛苦并存。同福塞利一样，布莱克的想象力如烈焰一般熊熊燃烧，更适宜表现地狱的全境。但是布莱克的《天国》是由英国艺术家创作的对但丁笔下的天堂最伟大的回应，叶芝将它们看作布莱克一生的"加冕之作"。但丁告诉我们，天国超越了白天和黑夜的分野，天国就是光本身，布莱克在他美丽的《车上的贝雅特丽齐、玛苔尔达和但丁》中表达了这个观点，这幅画充满了彩虹的光芒和带有神秘主义色彩的泛神论精神。在广阔而光明的场地的另一边，贝雅特丽齐站在格利丰拉的车上，目光凌厉。

在贝克特和劳瑞之后，《神曲》在威廉·巴勒斯的作品中变成了现代主义高峰时期文学试验的试金石。巴勒斯这名先锋派美国作家和前海洛因瘾君子首先接触但丁的作品时读的是约翰·西阿弟的1954年版译本。他最著名的小说《裸体午餐》包含了但丁式的污秽物段落以及修辞手法优雅的怒气爆发场景。巴勒斯将《地狱篇》中的超现实戏剧依据他生活的美国社会进行了改编，目的就是震撼读者。20世纪60年代，他创作了令人晕头转向的剪裁小说三部曲:《软机器》《爆炸的票》《新星快车》，在这三部小说中，他抛弃了传统的叙事形式，转而使用任意排列的拼贴，题材来自报纸、低俗的科幻粉丝专刊、旅行游记，以及数页美得令人难以忘怀的诗歌和散文的混排。小说中"高雅"和"低俗"文化碰撞的方式带有但丁的风格。应景的是，在《裸体午餐》因其淫秽内容受审时（该事件发生在1965年的马萨诸塞州），第一个为被告辩护的证人就是西阿弟。西阿弟是一名诗人兼翻译家，在哈佛教过弗兰克·奥哈拉创意写作，他认为，和但丁一样，巴勒斯小说中的性爱和排泄等主题对他要描述的反乌托邦景象而言必不可少。他还说，《地狱篇》中乌格利诺伯爵的食人行为和《裸体午餐》中一个南方的县治安官残忍地食用一名非裔美国囚犯这一场景（"没有什么像一个慢吞吞地燃烧的黑鬼那么美味"）差异不大。1966年7月7日，马萨诸塞州的最高法院终于判定《裸体午餐》不属于淫秽作品，这一事件事实上标志着美国对文学作品审查的终结。令某代人震惊不已的事物，也许能被下一代相当平静地接受。

如某首歌的歌词所说，巴勒斯把狗放了出来，但是非裔美国剧作家兼诗人勒鲁瓦·琼斯（1965年，他将自己的名字改成了阿米里·巴拉卡，以表对被暗杀的黑人平权运动活动家马尔科姆·艾克斯的支持）对但丁的重新想象更为激进。琼斯于1965年创作了小说《但丁笔下地狱的体系》(*The System of Dante's Hell*)，其标题来自约翰·D.辛克莱尔1939年的《地狱篇》散文体译本。在《但丁笔下地狱的体系》一节中，辛克莱尔解释了诗人想象的地狱分为多层，每一层又细分为小层，小层里是被惩罚的罪人。根据辛克莱尔的阐释，琼斯像是用厚涂法创作了一部巴勒斯风格的剪裁作品，语法支离破碎。他主要写的是在种族隔离的美国，一个黑人男子在成长过程中的地狱般经历。在美国社会这个地狱中，白人只把他当成一个"黑鬼"来看待。小说中随处可见但丁作品的回声。"那年夏天在一个门廊上，在晚上，在我身体的皮肤中，醉酒，双腿僵硬地坐在摇椅中。新生。"作者提到了但丁对自己年轻时的回忆，借此强调黑人少年勒鲁瓦已经开始了一段困难的"新生"：他是名已经长大了的同性恋者（虽然勒鲁瓦早年曾和诗人弗兰克·奥哈拉有过一段同性恋情，但后来他变得桀骜不驯，甚至十分恐同）。作者写下上面那段断断续续的文字，其目的是反映美国社会的分裂，这个社会是一座"由魔鬼运作的地狱"，或者是由白人运作的"恶魔美国"。1965年，这部小说刚面世，洛杉矶的沃茨贫民区就发生了种族暴动。那一年碰巧对但丁研究来说也很重要。《生活》杂志邀请劳森伯格来庆祝但丁700周年诞辰（他出生于1265年），杂志上用6张全景活页刊登了这位艺术家对人间地狱的想象画作，其中包括一名3K党成员的照片，这人穿长袍、戴头巾，向车窗外的人展示着一条绞索。但丁永远是我们同时代的人，他讲述着20世纪60年代美国社会令人恐惧不安的境况。

在14世纪之后的岁月，我们已经失去了但丁对天国和地狱的感应。但是但丁的魂魄仍在现代大量自画像形式的作品中出现，这些作品的体裁包括抒情诗、小说、电影、艺术和回忆录。阿根廷寓言作家豪尔赫·路易斯·博尔赫斯从但丁身上学到了很多关于在文学创作中如何达到凝练、直接以及视觉上精确描述的手法。他最经典的故事《巴别图书馆》是一次为他（未曾实现）写作一本关于宇宙的小说的宏愿进行的排演，小说中的宇宙包含所有书籍的多样性。1986年，博尔赫斯去世，留下了100篇左右的短篇故事和数量相近的诗歌，但他没有留下小说作品。和我们这个时代的畅销小说家相比，博尔赫斯的作品数量很少（其质量属于完美）。根据他自己的记载，他最先在20世纪40年代早期借助邓特的意英双语版阅读了《神曲》。当时，阿根廷由贝隆统治，而博尔赫斯是布宜诺斯艾利斯市立图书馆的一名助理馆员，每天他都在乘坐有轨电车通勤时阅读《神曲》。"我读《地狱篇》时读的英文版本，"他回忆道，"等我读到《天国篇》之前我就已经可以看得懂但丁的意大利文了。"他以这种方式熟练掌握了但丁的风格，并大胆提出了一个令人震惊的猜测，即但丁写作整部《神曲》的根本原因是他能够借此机会安排一场与一名已经过世的女子在幻想中的再会，而他曾被这名女子拒绝：她就是贝雅特丽齐。博尔赫斯童年时就有严重的近视，在读完《神曲》那段时间前后视力恶化，以致双目失明。虽然他居住在自己幽暗的内心世界中，但"乔尔基"（Georgie）* 在《虚构集》（*Ficciones*）和《阿莱夫》（*El Aleph*）这两部分别出版于1944年和1949年的作品中表现出简洁的幽默风趣和创造力，弥足珍贵。当时，阿根廷政局动荡，博尔赫斯公开表达了对贝隆主义以及西班牙-美洲的考迪罗主

★　博尔赫斯的小名。

义（Caudillo）传统的蔑视，这种传统在贝隆与他的妻子艾薇塔所实践的那种讨好群众的民粹主义中表现得淋漓尽致。博尔赫斯为此惹上了麻烦，1946年，他从图书馆员被降职为市政家禽检查员。他继续在巴罗洛宫图书馆（Palacio Barolo Library）研究但丁，这座图书馆由意大利建筑师马里奥·帕兰提设计，以此向《神曲》致敬（图书馆里的7部电梯代表了诗中提到的七大罪）。博尔赫斯在日内瓦度过了他一生中最后的岁月，那时他居住的地方没有名字，也没有门牌号，只有附近圣皮埃尔大教堂的钟声偶尔会打破作家身边的宁静。"但——丁，但——丁，但——丁"，钟声这样响着。

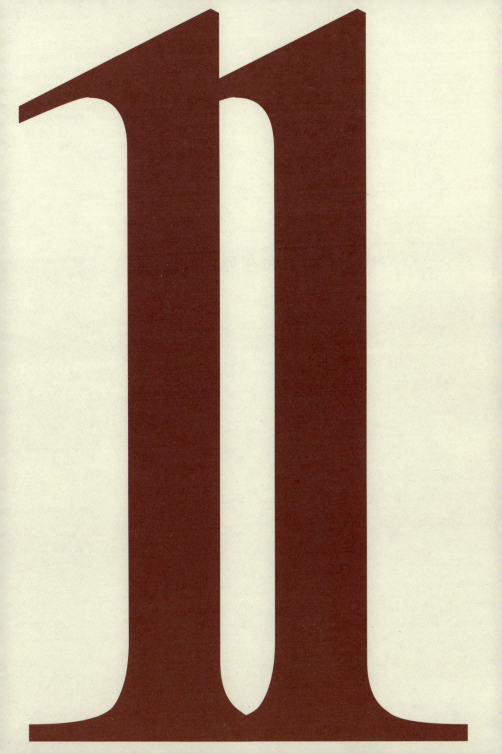

＊＊＊＊＊＊

但丁的生命在死后的延续

但丁·阿利吉耶里已经过世700年之久。他逝世于1321年9月13日，除此之外，我们对和他有关的事实了解甚少。学者们认为，他在出使威尼斯的途中发了一场致命的高烧，随后被体面地安葬在拉韦纳的圣皮埃尔马焦雷教堂。但丁出生和去世时都是基督教徒，可他的一生实在算不得远离罪恶、清清白白。在《炼狱篇》中，贝雅特丽齐怒斥了他在道德方面的过错。但丁的内心时常天人交战，妄自尊大和骄横跋扈对他来说都是家常便饭。

　　但丁享年56岁，在他去世后的第一年，《神曲》的注疏集就已面世。现存最早的注疏集可追溯到1322年，作者是但丁的儿子雅各波·阿利吉耶里。这部作品表达了儿子对父亲的爱，作者试图用浅白的术语来阐明这位"卓越"诗人"深刻而真实的意图"，但也仅此而已。很快，包括热那亚、那不勒斯、比萨和维罗纳在内的相隔甚远的意大利城市都出现了注疏本，由此证明了这部作品在全国的重要地位。在雅各波的注疏集问世15年后，但丁的次子彼埃特罗·阿利吉耶里发表了一部学问更加精深的注疏集。这部注疏集强调，《神曲》是一部诗体的虚构作品。根据这一判断，但丁那类作者也许会对"虚构作品"（fiction）一词的拉丁文词源"fingere"（含义为"塑造""谋划"）感到满意。中世纪，作者的权威并未得到明确承认，与之相应地，作者的作品也不太被当成作者本人塑造、谋划的产物。在晚些时候的14世纪，比但丁年轻48岁的乔万尼·薄伽丘开创了公众性的但丁讲座（lecturae Dantis）传统（这类讲座在今日的意大利仍然流行）。

　　从1373年10月到1374年1月，薄伽丘共做了60次关于《但丁》

（当时人们这么称呼《神曲》）的讲座。在那时的意大利，《神曲》已经成为《圣经》之后最流行的书籍：这些讲座由佛罗伦萨共和国委托开办，吸引的听众上至受过拉丁文教育的精英阶层，下至通晓方言的识字阶层。对佛罗伦萨人来说，不幸的是，薄伽丘患了重病，他的讲座在《地狱篇》第十七章处终止了（他在1375年去世，比彼得拉克晚一年）。他为讲过的诗章所写的笔记被人们称为《详论但丁的神曲》（*Esposizioni sopra la commedia*）。在这部作品中，薄伽丘拥护但丁的佛罗伦萨特色（fiorentinità），并为诗中的"粗俗"做了强有力的辩护。

薄伽丘在做关于但丁的讲座时热衷于使用酒馆中的粗话。他对《地狱篇》第六章中的暴食者们发起的语言攻击令人想起他之前在《十日谈》中对道德沦丧的奇波拉教士*的描述，即使以薄伽丘的标准而言，后者也算得上是个卑鄙小人了。他欺骗了他手下虔诚的教众，让他们相信他能给他们展示一根从大天使加百列翅膀上拔下来的羽毛（托马斯·曼的中篇小说《马里奥与魔术师》就取材于这个故事）：

那么，所有这些人，他们狼吞虎咽，胡吃海塞，好酒贪杯，贪婪无度，巧取豪夺，垂涎三尺，他们是一群贱货，爱搬弄是非，放声大笑，打嗝响亮；他们毫无节制，油腻，肮脏，污秽，散发恶臭，气喘吁吁，口水直流，四处呕吐，仅仅看到他们的样子，听到他们的声音就令人恶心难受。不，他们不是人，而是野兽。

★ 《十日谈》第六天的第十个故事中的人物。

直到16世纪的弗朗索瓦·拉伯雷，欧洲的方言文学中才出现如此充满活力的文字表达上的创新。

在薄伽丘发表演讲的3个月中，他极力称赞但丁这位"诗人兼神学家"（poeta-theologus）：但丁探索来世的灵魂之旅遵循了上帝的旨意，其目标是解释人生的意义和目的。还有许多人认为《神曲》的作者是一名超人（上帝之手参与了这个超人的创作）。但丁曾给他在维罗纳的赞助人堪格兰德·德拉·斯卡拉写过一封著名的信，在信中，但丁解释道，《神曲》真正的目的是"帮助生者远离苦难，并让他们进入一种幸福的状态"（虽然我们无法确认这封信真由但丁所写，但信中的口气读起来很像）。14世纪50年代早期，薄伽丘为但丁作了一部传记，向读者展示了但丁勤勤恳恳、"胃口适中"，但偶尔会爆发出黑暗激情的形象。巧合的是，是薄伽丘确定了贝雅特丽齐的真实身份就是"贝齐"·波尔蒂纳里，一名"姿态十分温柔迷人"的年轻女子。

薄伽丘的杰作《十日谈》在1352年左右完成于佛罗伦萨，比他的但丁主题讲座早20年。该书包含100个"故事"（novelle）——这个词大致可以理解为"寓言"或"历史"。这些故事描写了在打牌时出老千的人、淫荡的教士、邪恶的收税官、弄虚作假的商人银行家，以及其他胡作非为的人物，他们虽然到处招摇撞骗，但经常能逃避惩罚。"作恶而不受惩罚"是中世纪意大利的银行家们极为看重的一项技能，是《十日谈》隐含的重要主题之一。薄伽丘笔下依靠他人的信任行骗的神父正是狡诈成性的体现，这些臭名昭著的神父背离了基督教教义，甚至在布道坛上也满口谎言，沉醉于用欺骗获得权力、满足色欲。他们肯定会在《地狱篇》里恶臭的毒蛇中间有一席之地。

讲述这些故事共用了10天（标题《十日谈》因此得名），讲故事的人是一群"出身高贵"的年轻男女，为了逃避佛罗伦萨1348年发生的瘟疫，他们跑到菲耶索莱地区能够俯视城市的丘陵上，住进了一个天堂般的花园。在这个花园里，他们在讲故事的间歇互相调情，发出欢声笑语，轮流在鲁特琴的伴奏下为彼此演唱小夜曲。这种田园牧歌式的场景受到但丁在《炼狱篇》中对伊甸园的想象的影响，和作者对疫病肆虐的托斯卡纳首都的地狱般描写形成了鲜明对比，在佛罗伦萨，作者写道："事情已经糟到了这个地步，死去的人类的待遇和山羊差不了多少。"虽然但丁没有在《十日谈》里出现，但我们仍可以感受到他无处不在的影响力。在第四天故事的引言中，薄伽丘一并提到了但丁和后者的同侪——托斯卡纳诗人圭多·卡瓦尔堪提以及奇诺·达·皮斯托亚。而第五天中那个关于挥霍金钱的纳斯塔焦·德·奥内斯蒂的故事实际上改编自《地狱篇》第十三章中关于铺张浪费者的部分。有许多角色同时出现在《神曲》和《十日谈》中，包括教皇卜尼法斯八世。此外，薄伽丘这部作品是一部关于人类的喜剧 [《十日谈》的第一个词是"人类"（Umana）]，而在同一种意义上《神曲》也是一部关于人类的喜剧：开篇肮脏而可怕，结尾却令人愉悦，正如《十日谈》中的贵族男女在结尾时通过讲故事加深了对世界的理解。

在某个层面上，《十日谈》是一部道德的教科书。书中多达10名讲故事的人一再强调他们讲的故事具有教化功效，都属于道德训诫故事。"好故事永远会给人指点，"艾莉莎声称，"因此不管讲这些故事的人是谁，我们都应该认真听讲。"如果虚构作品不能直接对世界施加影响的话，那么也许可以充当教材——民间故事就是这样。但丁也抱持着类似的想法，他相信《神曲》能将读者带入"幸福的状态"。在《十日谈》混杂了粗俗、滑稽和寓言等元素的表象下，薄伽丘本人目睹了黑死病在故乡托斯卡纳肆虐，他的父亲，一名富有的佛罗伦萨商人银行家，也在那场"致命的瘟疫"（mortifera pestilenza）中丧生。

薄伽丘在《十日谈》中表现出来的那种粗野浮夸的气质将作品中非常具有但丁特征的朝圣元素隐藏了起来。贵族们经由圣塔玛利亚诺维拉教堂离开佛罗伦萨（该教堂完成于1360年，但丁在40年前去世），他们在讲故事时还专门留出了两个周五以纪念基督受难，并留出了两个周六以纪念圣母马利亚。最滑稽的一个故事是关于一场恶作剧，在这个故事中，两名放高利贷的人思考究竟该如何处理一具藏在箱子中的尸体*。这个与死亡有关的异想天开的故事是文艺复兴的喜剧，以及之后的像《弗尔蒂旅馆》（Fawlty Towers）†中《烟熏鲱

★ 第四天，第十个故事。作者的介绍与原文有出入。原文中，箱子里的男青年误服了麻醉药水，他的情人误以为他已经死了，就把他放进了一个空木箱，两名放高利贷的人又偷走了那个木箱。

† 英国著名情景喜剧。

下页图
《六名托斯卡纳诗人》，由乔尔乔·瓦萨里创作于1544年。画中从右到左分别是：卡瓦尔堪提、但丁、薄伽丘和彼得拉克（穿着红白相间的衣服）。在彼得拉克身后的是人文主义学者克里斯托弗罗·兰迪诺和马斯里奥·菲奇诺。也有人认为最后两名人物是奇诺·达·皮斯托亚和圭托内·达·阿雷佐。

鱼与尸体》(*Kipper and the Corpse*)一集那样的闹剧的始祖。也许是作为对抗色情作品这条隐秘毒虫的手段，薄伽丘对性的态度十分开放，超前于他的时代。皮埃尔·保罗·帕索里尼在他1971年的电影《十日谈》(*Il Decamerone*)中，把握住了原著中部分生机勃勃的精髓，但他却因此被一些批评家冠以"色情作品导演"的称号。

在《十日谈》里众多令人生疑的角色中，那些贪恋财物的人认为薅公众的羊毛简直不值一提。兰多福·鲁福洛*在股票市场上挥霍了全部资财，于是决定当一个海盗，"投身于将别人的财物占为己有的事业中"。薄伽丘曾在佛罗伦萨的银行巴蒂公司做学徒，这个公司就是那个时代的雷曼兄弟公司，因为客户欠债不还（其中就有英格兰国王爱德华三世），几近倒闭。从此之后，薄伽丘终其一生都反感金钱和"铺张浪费"。薄伽丘那个年代瘟疫横行的佛罗伦萨和但丁所处的年代一样，都被弗洛林金币污染了。

从15世纪50年代到60年代，洛伦佐·德·美第奇提高了但丁在佛罗伦萨的政治地位。洛伦佐于1469年被任命为家族领袖时才20岁。"伟大的"洛伦佐用托斯卡纳方言创作了以赞美驯鹰术为主题的十四行诗，还用三韵句写了一首未完成的诗，名为《会饮》(*Simposio*)，这首诗几乎是对但丁作品的戏仿。在那个年代，佛罗伦萨方言还处于幼年期，但洛伦佐虔诚地相信，这门语言会开枝散叶，同佛罗伦萨帝国一道征服世界。因此，在洛伦佐治下，但丁担任了

★　第二天，第四个故事。

西塞罗式*"最优秀公民"角色。但丁被塑造成一名共和国的公民诗人，他为佛罗伦萨共和国的事业勤勤恳恳、无私奉献。

　　由克里斯托弗罗·兰迪诺编纂的1481年版《神曲》是佛罗伦萨的但丁崇拜，以及文艺复兴时期欧洲图书市场上但丁作品印刷本的一座里程碑。这个版本拥有以波提切利的插画为底本的铜版画，以及用方言写成的长篇注疏。对兰迪诺而言，但丁的《神曲》表现了佛罗伦萨文化和伟大语言中最精华的部分。兰迪诺出生于1424年，是一位品德崇高的人文主义学者，也是一名诗人，写过颂扬但丁的诗，将后者看成一名深刻的道德导师，在他的笔下，但丁"对于不公、不忠、不节、不仁……以及其他恶行，发出了如雷鸣一般的批判"。他呼吁佛罗伦萨人将被判有罪、背井离乡的但丁"从长久的流放中带回他的故乡"。佛罗伦萨人清楚，但丁死于拉韦纳，并被安葬在那里，他们也明白，应当给但丁举行一场合适的纪念仪式。1396年，佛罗伦萨共和国请求从拉韦纳取回但丁的遗骸，遭到拉韦纳拒绝。之后在1430年和1476年，佛罗伦萨发出了同样的请求。1519年，教皇利奥十世考虑了由美第奇学院提出的又一项提议，这项提议还得到了贝雅特丽齐·波尔蒂纳里家族的后人以及米开朗琪罗的支持，后者同意设计建造一座但丁纪念碑。教皇同意了这项提议，可是当佛罗伦萨的特使们打开但丁的墓时，他们只在其中找到了布满灰尘的月桂树叶和骸骨的碎片。佛罗伦萨圣塔克罗齐教堂中那座巨大的但丁墓建于19世纪，至今依然空置。此墓于1865年但丁诞辰

＊　西塞罗在《论共和国》（*De Re Publica*）中讨论了三个话题：最好的国家体制、正义，以及最优秀的国家管理者。

600周年之际揭幕。

1478年4月，挑战美第奇家族霸权的"帕齐阴谋"爆发了，在那之后不久，兰迪诺版《神曲》在佛罗伦萨面世，这并不是巧合。一阵刀光剑影中，洛伦佐·德·美第奇勉强躲过了大教堂里的刺杀。多年以来，从事银行业的帕齐家族一直嫉恨政治权力蒸蒸日上的美第奇家族。正当主持仪式的神父举起圣体时，刺客们收到了动手的信号：帕齐家族雇的杀手举着匕首冲进了教堂。洛伦佐成功躲到了圣器储藏室的青铜门后边，并发出警报，但他的弟弟朱利亚诺却死于非命。事后，托斯卡纳首都陷入恐惧之中，美第奇家族派出打手对他们怀疑的罪魁祸首施加报复。在洛伦佐的命令下，帕齐家族的成员被从腹股沟到脖子活活撕开，他们的妻子成了寡妇，被放逐到修道院。用黑手党的黑话来说，美第奇家族是在"平衡账目"（regolamento dei conti）。洛伦佐这名商人兼诗人从他的祖父科西莫·德·美第奇那儿学到了如何使用和巩固权力的艺术。

帕齐家族在大弥撒中对美第奇家族的袭击反而加强了后者的权力，并提高了洛伦佐作为强者的名声。当时佛罗伦萨人的公民自豪感如日中天，但丁的名字不可避免地与佛罗伦萨在意大利半岛上的霸权和文化成就更紧密地联系了起来。兰迪诺出版《神曲》的目的，就是巩固洛伦佐的权力，并反击非托斯卡纳人对但丁"放肆无礼"的盗用，这批人中包括狡诈而警觉的教皇西斯笃四世。此人在为圣座服务的银行家中，偏好帕齐家族甚于美第奇家族，他很有可能支持了4月那场袭击。洛伦佐有充分理由畏惧这位教皇。洛伦佐的专制统治持续

16世纪中期，乔尔乔·瓦萨里为洛伦佐·德·美第奇作的遗像。

了20年，1492年4月，洛伦佐在43岁的壮年早早去世（6个月后，哥伦布"发现"了美洲），医生为了治疗他的痛风开过一剂含有捣碎的珍珠的药方。之后，美第奇王朝在胆小怕事的科西莫三世手中逐渐消亡，此人直到1720年为止，掌管托斯卡纳公爵领长达半个世纪。在这个伪善之人的统治下，所有文艺复兴时期的裸体雕塑都被从街上撤掉，而米开朗琪罗的《大卫》则被人用一块油布盖了起来。

1482年，洛伦佐·德·美第奇只有30多岁，那一年吉洛拉谟·萨伏那罗拉来到了佛罗伦萨，计划清除城中的财务舞弊现象以及和性有关的罪恶。我们可以理解为何人们会把这名多明我派修士比作但丁——诗人雪莱称但丁为"第一名宗教改革家"。在萨伏那罗拉看来，佛罗伦萨只是个徒有其表的共和国，它真正的统治者是一名银行家暴君，后者甚至声称自己是一位国王（洛伦佐私下里称自己为"洛伦佐，美第奇之王"）。萨伏那罗拉呼吁人们回归《新约》里那种提倡贫穷的道德观，而但丁在《天国篇》中也向天主教会提出过同样的请求。萨伏那罗拉在布道中怒斥美第奇家族操纵政治和宗教联盟，以扩张其独裁权力的行径。他倡导使用暴力（即使只是象征性的暴力）来获得解放，并痛斥梵蒂冈是一个"淫窝"。在某种层面上，萨伏那罗拉对腐败教会的谴责预示了日后的宗教改革运动。在萨伏那罗拉的追随者中有易受影响的年轻男子，他们觉得自己与美第奇家族主导的文艺复兴时期人人追求金钱的气氛格格不入，为了表达自己对事业的忠诚，他们收集了成堆的"异端"书籍和绘画，并将它们在一堆巨大的"虚荣之物的篝火"中付之一炬。这些篝火象征着萨伏那罗拉为了清理佛罗伦萨"玛门的污秽"而付出的努力。

他的宗教狂热带有怀旧保守主义的痕迹，令人联想到但丁也持有类似观点，可奇怪的是，据说有几本《神曲》也在不经意中被烧掉了。

出生于费拉拉的萨伏那罗拉给自己招来了危险。他所处的多明我会受到美第奇家族的赞助，可他却呼唤上帝降罪于这些赞助者。萨伏那罗拉持有绝对主义的基督教观点，他认为人类要想获得救赎，鲜血和地狱是不可或缺的，他试图将佛罗伦萨转变成新耶路撒冷，那时，城中将恢复人类堕落前的纯净。他推崇人类堕落前亚当和夏娃的无邪状态，而但丁在《神曲》中也提出了同样的观点。萨伏那罗拉将地狱想象为一个充满了巨大痛苦的场所，在那里，银行家和其他金钱的奴隶被埋在一大堆排泄物或者其他某种污泥之中。他以口头论战促使佛罗伦萨人将美第奇家族赶出城外。1494年，在美第奇家族的铁腕统治持续了60年之后，他们终于离开了这座城市。然而，当萨伏那罗拉试图挑战罗马教皇的权威时，他被开除了教籍。1498年，他以一名异教徒的身份在领主广场被处以火刑，米开朗琪罗的《大卫》像马上就要被安放在这里。火刑之后，萨伏那罗拉的骨灰被倒进了阿尔诺河，免得有人拿它当作纪念这名政治煽动者的遗物。

但丁的影响力遍布文艺复兴时期的佛罗伦萨。他反对教士的宣言预示了日后尼科洛·马基雅维利发出的类似声明。当然，马基雅维利这名文艺复兴时期的政治理论家兼实用主义者是但丁的一位伟大读者。和但丁一样，马基雅维利不仅表现出明显的反教士倾向，还在热爱的祖国佛罗伦萨遭受了政治上的失意和排斥。很多人认为，但丁是马基雅维利主义者的原型。事实真的如此吗？马基雅维利可能曾认为但丁是一个"天才"，但他又谴责但丁在《神曲》中对

佛罗伦萨所做的一系列与自身"身份不符"的抨击。马基雅维利不支持萨伏那罗拉那种在道德上净化佛罗伦萨的基督教自我鞭笞式努力（如果但丁还活着，他可能会支持这种努力），但是他内心同意萨伏那罗拉的部分肯定很高兴看到美第奇家族终于被驱逐出境。在后美第奇家族时代的佛罗伦萨共和国，马基雅维利在第二国务秘书的职务上声名远扬。1498年，他被授予前述职务，随后为市政府完成了多项外交任务，就像约两个世纪前的但丁在行政官任上做的那样，其中一次马基雅维利前往拜访了教皇亚历山大六世之子恺撒·波吉亚。作为一名外交官，马基雅维利学到了很多关于政治活动的知识，以及如何应对美第奇专制政权的复兴。就像但丁把他那个年代的意大利政治比作妓院生活那样，马基雅维利将教皇制看成导致意大利的衰弱以及意大利宗教腐朽的主要原因。当时，天主教会正处于宗教改革之前最为腐败的阶段，马基雅维利希望能揭露这种腐败的核心，但他的生命正遭受威胁。

　　1512年，美第奇家族回归佛罗伦萨，在那之后马基雅维利被捕并受到了折磨，佛罗伦萨的自由岁月就此告终。马基雅维利在狱中继续仔细研究但丁的作品，虽然在研究时带着批判的眼光。在他下狱后不久，奇迹发生了，教皇尤利乌斯二世去世，继任的利奥十世，即红衣主教乔万尼·德·美第奇，宣布大赦政治犯。马基雅维利一经释放就开始为复辟的美第奇家族工作，不仅在1532年写出了政治学著作《君主论》（马基雅维利将此书献给了洛伦佐·德·美第奇），还创作了一系列讨论共和国特性的书籍。我们很难说清这位托斯卡

原始巴洛克（Proto-Baroque）风格的马基雅维利肖像。
由托斯卡纳艺术家桑提·迪·提托于16世纪中期创作。

纳思想家兼外交家在这些充满了才智的著作中究竟想表达什么，因为马基雅维利有时候是一名惯用反讽手法的作家，出于政治上谨言慎行的考量会把自己的观点隐藏起来。他给君主提出的建议，即后者在政治事务中要么像狐狸，要么像狮子（以此避免落入陷阱），会令但丁大惑不解，可但丁从未扮演过魔鬼代言人的角色，而马基雅维利却时常这么做，他的著作中包含了许多苦涩的玩笑和悖论。在马基雅维利写于1517年却未完成的长诗《驴》中，他将自己描述为一名"胆战心惊"的中年男子，在一片陌生阴暗的森林中迷了路（"我来到了生命的终结地，就在一个黑暗、阴沉、没有阳光的地方。"）。他被人救了出来，伸出援手的不是《神曲》中的维吉尔，而是一位像喀耳刻一般的牧羊女，她给了主角食物和酒以示安慰，之后又领他入睡。"你把我带在身边，来拯救我。"我们在但丁的诗中几乎读不到上述这种与酒色有关的温柔情感。

虽然经常有人把马基雅维利和马丁·路德进行比较，但这种比较难免显得牵强。马丁·路德这位德国神学家试图在16世纪的欧洲恢复《圣经》中的那种基督教，他的努力为资本主义和现代世俗主义的发展开辟了道路，尽管这并非其本意。可是，以天主教的观点来看——本质上是以但丁的观点来看——路德的行为摧毁了圣礼的神秘，以及弥撒仪式的魔力和宏大场景。在人们将"弥撒贩子"的根基完全摧毁的过程中，他们也失去了许多无价的教会珍宝。随着宗教改革在北欧扩散，人们扭曲了但丁及其作品，从中寻找宗教改革运动的正当性。人们把但丁当作一名宗教改革先驱来崇拜，这名佛罗伦萨人被变成了一名意大利式的罗拉德派教徒。

在但丁的所有作品中，最具反教皇色彩的是《帝制论》（De monarchia，字面含义为"由一个人组成的政府"），但丁在流放途中写下这部作品。1329年，教皇约翰二十二世下令在博洛尼亚举行了一场将此书焚毁的仪式。作为一名异端分子，但丁本人的尸骨可能也会"遭遇同样的命运，要不是皮诺·德拉·托萨这位有影响力的文化人出手阻拦的话"，萨缪尔·贝克特评论道（德拉·托萨那时候正好在博洛尼亚，这才得以出手阻拦）。但德拉·托萨的举动并没有阻止《帝制论》在16世纪中期进入禁书名单，直到1900年才得以解禁。作为反宗教改革运动的一部分，这部书在教会中引发了一场反击风暴。在但丁的年代，没有哪部政治著作是无害的，它们无一例外都会伤害到某些人的利益。

《帝制论》的核心观点是，罗马教会过多地牵涉进世俗事务中，并在这个过程中腐化了。就是因为这种世俗和宗教权力不分的现象（但丁认为），世上才会有如此之多的纷争和腐败。和马基雅维利一样，但丁真诚地希望有一位政治上的救世主能够改革"意大利"的民族性，统一全国，并将它建设为欧洲强国。对但丁来说，这个救世主是卢森堡伯爵，于1308年被选为神圣罗马帝国皇帝的亨利七世。亨利当选时，但丁已经被流放6年，正在创作《炼狱篇》。1309年，亨利正式加冕为皇帝，第二年，他发起了一场平息意大利城邦间内斗的远征（这些城邦名义上都归他管辖），其中的另一个目的则是恢复教会的秩序。但丁对这项计划报以热情洋溢的回应，他希望，神圣罗马帝国皇帝的神授权威能够为当时教皇声称自己对世俗权力有绝对主宰权的行为画上句号。在《炼狱篇》的最后一章中，贝雅特丽齐预言，一位弥赛亚般的人物马上就要降临，这人用罗马数字"五百一十五"（DXV）称呼。很多学者认为，"DXV"这三个字母调换顺序之后就成了拉丁文中"领袖"（dux）一词。可以想见，这人就是亨利。可是，在但丁开始写《天国篇》时，皇帝的远征已经失去了原本就少得可怜的来自教皇的支持。随着亨利在1313年因疟疾英年早逝，这场远征以惨败告终。但丁在《天国篇》的圣徒中为这位皇帝预留了位置。

《帝制论》呼吁政教分离，是一部预言了未来的伟大著作。随着历史的演进，这一理念将会成为欧洲启蒙运动时期政治思想和文化的核心，可在但丁的时代，这是个离经叛道的激进理念。在宗教改革时期，这部著作在英格兰国王亨利八世的宫廷中流传，而据说宗教改革运动就开始于1517年10月31日，即马丁·路德把他的《九十五条论纲》钉在维滕贝格城堡教堂大门上的那一天。两代人之内，英格兰天主教的历史就会被抹去。福克斯的《殉道者之书》是16世纪60年代在英格兰最流行的宗教书籍，书中，作者赞美但丁为"宣告教皇是巴比伦娼妓"的作家。对福克斯和其他宗教改革家而言，很容易就能论证但丁的天主教信仰属于福音派，是"纯洁"的，因此比起天主教来说更接近新教。一些意大利人也持类似的观点，文艺复兴时期的贵族女诗人维托丽娅·科隆娜就是其中一员。科隆娜和她的朋友兼情人，野心勃勃的红衣主教，诗人彼埃特罗·本博不同，她在宗教改革期间为天主教会内部的贪婪和物质主义深深担忧。她结交了一批小心谨慎的改革家，其中包括红衣主教波尔，后者于16世纪40年代早期住在罗马附近的维泰博，日后将成为坎特伯雷大主教。和许多受过教育的文艺复兴时代女性一样，科隆娜被路德那烈火一般的个性吸引，而后者在开坛布道时向听众允诺，天主教欧洲将获得精神上的革新。虽然科隆娜从未叛出罗马教会，但她的一举一动都被宗教裁判密切注意。1547年，科隆娜去世（比亨利八世晚去世一个月），在那之前，关于她各项"异端行为"的指控已经超过了3页。在但丁和他的后辈，佛罗伦萨人彼得拉克的影响下，科隆娜创作了许多温柔优雅的情诗。这些诗确实是"神圣之爱的启示"（此处借用了诺里奇的朱利安的书名）。

据说，亨利八世的第一位妻子，阿拉贡的凯瑟琳，也欣赏但丁。在她的财物中，有一部由佩德罗·费尔南德斯·德·比列加斯翻译的《地狱篇》卡斯蒂利亚语译本，该书于1515年在布尔戈斯出版（凯瑟琳的那本现珍藏于大英图书馆）。这部译本反映出凯瑟琳希望与祖国西班牙保持联系，以及她广泛而虔诚的兴趣爱好（1547年，人们清点亨利八世在白厅图书馆的藏书时，这本书仍在那里）。亨利八世本人对宗教信条不感兴趣，但他想和凯瑟琳离婚的意愿加深了他和教皇的分歧。直到英国国教替代罗马天主教后，英格兰内部的分裂才被弥合，能够继续独自前行。由亨利八世主导的宗教改革，动力不仅是国王想另觅新欢并得到一个男性继承人的决心而已，这场改革还反映出国王反对外国势力干涉内政，维护主权独立的愿望。

1547年，亨利八世的统治告终，在那之前，意大利已经出版了29个版本的《神曲》。这些书被进口到英格兰之后，为国王的宗教改革事业添了砖加了瓦。其中最有力的是贝雅特丽齐在《天国篇》第二十九章中对布道者的愚蠢和假信条的抨击，借此，她强调了《福音书》中"真正"的教会和由教皇这名敌基督者领导的"虚假"教会之间的区别：

> "基督没有对他最初的使徒们说：
> '你们去向世界传布空话'，
> 而给他们讲真理的基础。"

路德对天主教的抨击，激烈尖刻程度超过了但丁所有的作品。在路德笔下，教皇利奥十世是"鸡奸者"和"异装癖者"，他把"撒旦般的"暴虐施加在基督教"大家庭"上。路德还轻蔑地称圣母崇拜是一种偶像崇拜。在路德看来，犹太人和深入德国核心地带的其他"污染物"损毁了上帝的圣书。路德的这种憎恨可能源自他认为自己处在社会下层的痛苦经历。路德在外省的采矿小镇曼斯菲德长大成人，小镇上冒烟的矿渣堆和熔炉，就像地狱的深坑，而路德的父亲是镇上的一位金属熔炼大师。路德迫害犹太人的行为并不单纯是天主教反犹主义的遗存，而与新教徒的自我身份认同，以及新教徒认为自己是上帝的选民的观念密不可分。唯独《圣经》是决定宗教仪式和教义相关事务的唯一依据。《圣经》优于教皇、宗教会议、教父、圣母马利亚以及所有那些受福圣徒们发出的虚假闪光。这显然不是但丁会使用的语言。但丁呼吁天主教会改革，路德却希望看到它彻底毁灭。路德对教义和仪式的革命横扫了一切，而假如但丁在场，他会带头驳斥路德的野心。但丁可能会把路德这名分裂制造者置于《地狱篇》中，给先知穆罕默德作伴。

或许称路德为"德语版的但丁"更有道理，因为这个比喻不仅仅是贴切而已。就像但丁从意大利多种互不相通的方言中创造出一门文学语言一样，路德也从他那个时代的无数种德语方言中创造出了一门通用语，并以此译出了《旧约》和《新约》。路德这一颇具英雄气概的举动在字面含义上把上帝的言语带给了人民。俗语版《圣经》为人民抗议教会的道德败坏和不受约束的贪婪（比如，薄伽丘笔下人物一般的教士们以及其他令人难以启齿的行为）提供了有力的武器。路德翻译的《圣经》为德语提供了养料，让它更生动，而他造出的词汇直到现在还在被人们使用。就像和他同时代的英格兰人廷代尔一样，路德大胆地将希腊语词"ekklesia"译成了"社区"或"会众"，而不是"教会"。教众合唱——一项路德宗改革的创新——使虔诚的教徒可以参与到教堂的仪式中去，而不仅仅充当沉默的观众而已。路德对"社区"一词的使用，目的是剥夺教会作为神圣集会的特殊意义，并削弱神父在圣礼中的作用。

* * *

但丁至今依然是意大利方言文学中的英雄人物。1978年，普里莫·莱维出版了小说《猴子的痛苦》（*La chiave a stella*），人们认为这部书是一部对意大利历史悠久的区域性方言文学的传统做出了贡献的优秀作品，这一传统始于但丁和腓特烈二世麾下的西西里诗人。这部小说包含了多页用生动活泼的皮德蒙特方言写成的文字，这种方言来自作者故乡都灵郊外的汽车修理店和修补工场。帕索里尼在20世纪50年代创作的具有丰富方言元素的小说对莱维有一定影响力，但莱维也熟悉19世纪用罗马方言创作的诗人朱塞佩·乔阿齐诺·贝里的作品，在贝里用罗马方言创作的十四行诗中，描写污秽的词语（"dingus""todger""wanger"*）和死亡、爱、救赎等宗教主题混合在一起。

在1831年到1837年的6年中，贝里用罗马方言（就连但丁也认为这种方言太过粗糙，不适宜用来进行文学创作）写了2279首十四行诗。这些诗中的大部分都发生在罗马特拉斯提弗列区（Trastevere，意为"台伯河外"）那些打牌时出老千的人和妓女中间。今天，在这个区里有一座这位诗人的纪念碑。贝里用新闻写作般的现实主义手法，塑造了意大利复兴运动前罗马的景象，以及那里普通人的生活情况。因为担心自己会被以淫秽罪指控，贝里从未打算发表这些诗。相反，他只私下把这些诗在粉丝中传播，其中包括俄国作家尼古莱·果戈理。虽然贝里的诗十分激进，甚至呼唤推翻现存的社会制度，但作者本人在政治和宗教上一直是一名保守主义者，他在教皇的政府机构中担任审查官。和但丁一样，基督教神学的宏大主题对贝里也十分重要。在《天国》（*Er paradiso*）一诗中，作者想象出一个人人都不用工作的天国，那里还有免费的食物，即外观像潘妮托妮面包的"天国的面包"（ppandescèlo，奇怪的是，这种面包尝起来跟圣餐仪式上使用的圣饼差不多）：

在天国中
你不必在工作上浪费时间：
那里只有小提琴声，欢笑
和天国的面包

★ 都是表示"阴茎"的俚语词汇。

贝里诗中"天国的面包"很明显化用了《天国篇》中"天使的面包"（pan de li angeli）的典故。在但丁想象的天国里，没有娱乐、社交，甚至空间上的移动，可是［正如"传声头像"（Talking Heads）乐队《天堂》这首歌的歌词写道，在天堂里"从未有事发生"］天国中的一切都在彻底的静止中享受着喜悦。安东尼·伯吉斯迷上了贝里诗歌的罗马背景，以及卡拉瓦乔式对酒馆里年轻男子和胖乎乎的高级教士的众生相的描写。伯吉斯在他1977年的小说《ABBA ABBA》*中，想象了贝里和约翰·济慈这名热爱但丁的浪漫主义诗人在罗马的一场会面。在小说的附录中，作者加进了71首由他自己翻译的贝里的诗歌，在翻译中，伯吉斯使用了被他称为"带有曼彻斯特口音的英语"。他的译文粗俗得特色鲜明，令人捧腹，但偶尔又像弥尔顿的诗歌一般崇高。

　　贝里于1863年去世，享年72岁，在那之前不久，他请他的朋友、后来担任了特尔尼主教的文森佐·提加尼阁下，把他关于罗马的诗歌付之一炬。提加尼拒绝了这一请求，反而把这批诗歌还给了贝里的儿子吉洛·贝里，后者在1865至1866年间出版了一部四卷本选集。贝里诗歌最早的英译本之一（出版于1881年）就以这个遭到了严重删减的版本为底本，译者是弗朗西斯·艾丽诺·特罗洛普，她是小说家特罗洛普的姻亲。我们不知道特罗洛普怎么看待贝里笔下那些更为淫秽的十四行诗，但她是最早认识到贝里作为一名诗人用罗马方言创作十四行诗是何等重要的英国作家之一。在贝里的十四行诗

---

* "Abba"的意思是父亲，耶稣受难前在橄榄山祈祷时用这个词称呼过上帝。这个词还指济慈使用过的抱韵（enclosed rhyme）。"ABBA ABBA"还是伯吉斯的墓志铭。

中，随处可见但丁的影响。贝里经常让"天国"（paradiso）和"微笑"（riso）押韵，而但丁在《天国篇》中也这么写，在这一篇中贝雅特丽齐经常面带微笑。

20世纪80年代我曾住在罗马，那时我第一次读到但丁的作品。一本用古斯塔夫·多雷的哥特式版画装饰的二手《神曲》吸引了我的注意。那时我才20岁出头。那部书有一本小型百科全书那么大，1984年秋天我一直在读它，那时，出于某个未知原因，我摔倒了，然后被送进了罗马的一家医院，头部重伤，晕头转向（我的室友发现我时，我正四肢摊开躺在我们位于萨拉里亚大道的公寓的地板上。警察怀疑有闯入者，但是没有财物丢失）。在恢复了意识后，我看到一群修女从我身边走过，她们戴着华丽的白色头巾，每个人都拿着一壶白葡萄酒。我有一瞬间，以为自己是在《天国篇》的世界里，也可能是在一部糟糕的费里尼电影里（那些壶里实际上装的是尿样）。由于训练有素的护士人手不足，来自附近圣乔万尼教堂的修女们承担了护理工作。因为病房十分闷热，她们建议我白天睡到医院的屋顶上，我就是在那里的一块平台上开始阅读但丁作品的，从那儿可以俯视16世纪由教皇西斯笃五世派人竖起来的埃及方尖碑。虽然那时我只会基本的意大利语，但我还是惊讶地发现《神曲》是多么易读，至少它符合 T. S. 艾略特对真正诗歌的看法。艾略特曾表示，真正的诗歌"在被人理解之前已经传达了信息"。我记得在我康复期间下了场雪，这很罕见，可整座城市都习惯了这种与季节不符的奇异景象。每一年，在罗马的圣马利亚马焦雷教堂，人们都会在教堂中殿的高处撒下满满一袋白色花瓣，以纪念公元358年在罗马盛夏时的一场降雪。人们对这座教堂的流行叫法是"雪中圣母教堂"(Our Lady of the Snows)。在1300年，即卜尼法斯的"大赦年"，但丁很可能拜访了此处。该教堂位于特拉斯提弗列大道边上，那里还有一尊贝里的塑像，这个戴着高帽的男子仿佛正在镇子附近游荡。

在这本书快结束的时候，我想提一下我的家族与但丁的联系。1961年，我的姨妈玛瑞特·郝佳思被诊断出患有精神分裂症，她在伦敦城外圣奥尔本斯的希尔安德(Hill End)精神病医院住院治疗。在那座建于维多利亚时代的医院里，医生在治疗病患时会结合使用胰岛素休克疗法和约束服等其他强制手段。那时，我的姨妈在皇家艺术学院念书，导师是卡雷尔·威特教授。在斯坦利·斯宾塞的影响下，威特在以伦敦的街道为题材的油画中，描绘了一幅世界末日的郊区景象。

我的姨妈在1959年绘制了一幅名为《黑暗的风景》的气氛压抑的油画，该画目前被英国艺术委员会收藏。和威特的风格类似，这幅画的怪异之处令人不安，对异世界的描绘带有但丁的色彩。她贯彻了自己的情感中那种怪异的逻辑，这种现象暗示她可能受到了来自从德国表现主义到萨缪尔·帕尔默等多个源头的影响。1934年，她在位于波罗的海海滨的塔林出生，这是一座建于中世纪的城市。在"二战"快要结束时，由于大军压境，我姨妈被迫逃离故乡。她思念故乡，但再也无法回去，因此她的身体状况恶化，最终变得无法区分现实和幻想。她所见所闻的事物实在太过沉重，到最后，所有的一切都给她带来了很大的精神压力。1959年，在她病入膏肓之前，她受皇家艺术学院的一笔奖学金资助，得以前往意大利，目的是去研究但丁作品的插画，尤其是她热爱的波提切利的插画。

"我想参观意大利，"她在给威特教授的申请书中写道，"我打算在佛罗伦萨定居下来。我希望能在佛罗伦萨作画，并尽可能节约地在那儿生活。"我相信，作为战后欧洲政治难民的一员，身处异乡、饱受艰难困苦的她在《神曲》中找到了共鸣：在《天国篇》中，但丁提到了他在吃"别人家的面包"时感到的"苦涩"*，以及在别人家的楼梯走上走下时感到的艰辛和屈辱。我姨妈第一次发病是在1960年冬天的佛罗伦萨。偏执的幻想，怪异的想法以及幻觉一同标志着她的人格开始解体。在之后很长的一段时间里，卡雷尔·威特一直给她寄钱，并答应带她去吃午餐（"听到你生病，想到你是多么痛苦，我很难过。如果可以的话，我想帮助你。"）。在病魔缠身之前，她是名天资卓越的艺术系学生，从她的外表看不出生病的迹象。威特希望她早些康复，也希望世人注意到她的画作。

我姨妈在希尔安德医院住了很久，她在那里继续绘画、阅读但丁的作品、一支接一支地抽烟。2006年她去世了，她为但丁作的插画无人知晓。我自己探索但丁·阿利吉耶里的生活和作品的旅程也要就此结束了。

通过学习和意大利有关的知识，
我的内心已经归于平静。

★ 原文为"咸"。

参考文献

英文版但丁作品

Henry Boyd, *The Divina Commedia of Dante Alighieri: Consisting of the Inferno–Purgatorio–and Paradiso (3 vols)*, T. Cadell jun. and W. Davies, London, 1802

Ciaran Carson (trans), *The Inferno of Dante Alighieri*, Granta Books, London, 2002

Henry Francis Cary, *The Vision; or, Hell, Purgatory and Paradise, of Dante Alighieri (3 vols)*, Taylor and Hessey, London, 1814

John Ciardi, *The Divine Comedy*, W.W. Norton, New York, 1977

Steve Ellis (trans), *Dante Alighieri:Hell*, Chatto&Windus, London, 1994

Eric Griffiths and Matthew Reynolds(eds), *Dante in English*, Penguin, London, 2005

Samuel Walker Griffith, *The Inferno of Dante Alighieri*, Forgotten Books, London, 2012

A. G. Ferrers Howell (trans), *De vulgari eloquentia*, Rebel Press, London, 1972

Clive James, *Dante:The Divine Comedy*, Picador, London, 2015

Robin Kirkpatrick(trans), *Dante Alighieri: The Divine Comedy*, Penguin, London, 2012

Eugene Lee-Hamilton, *The Inferno of Dante*, Grant Richards, London, 1898

Henry Wadsworth Longfellow, *The Divine Comedy of Dante Alighieri(3 vols)*, Ticknor and Fields, Boston, 1867

Anthony Mortimer(trans), *Vita nuova*, Oneworld Classics, London, 2011

J. G. Nichols(trans), *The Divine Comedy*, Alma Classics, Richmond, UK, 2012

J. G. Nichols and Anthony Mortimer(trans), *Rime*, Oneworld Classics, London, 2009

Sean O'Brien(trans), *Dante's Inferno*, Picador, London, 2006

Robert Pinsky(trans), *The Inferno of Dante*, Farrar, Straus and Giroux, New York, 1994

E. H. Plumptre, *The Commedia and*

Canzoniere of Dante Alighieri,
William Isbister, London, 1886

Christopher Ryan(trans), *The Banquet,*
Anma Libri, Saratoga, 1989

Dorothy L.Sayers, *The Comedy of Dante
Alighieri:Hell,* Penguin, London, 1949

John Sinclair(trans), *The Divine Comedy
of Dante Alighieri,* 3 vols, Oxford
University Press, Oxford, 1971

C. H. Sisson(trans), *Dante:The Divine
Comedy,* Pan Books, London, 1981

Philip Terry(trans), *Dante's Inferno,*
Carcanet, Manchester, 2014

文学评论和传记

Zygmunt Barański and Lino Pertile(eds),
Dante in Context, Cambridge
University Press, Cambridge, 2015

John C. Barnes and Michelangelo
Zaccarello, *Language and Style in Dante,*
Four Courts Press, Dublin, 2013

Teodolinda Barolini and H.Wayne
Storey(eds), *Dante For the New
Millennium,* Fordham University
Press, New York, 2003

Teodolinda Barolini, *Dante's*

*Poets:Textuality and Truth in the
Comedy,* Princeton University Press,
Princeton, 2014

Giovanni Boccaccio, *Life of Dante* (trans
Philip Wicksteed), Oneworld Classics,
London, 2009

Giovanni Boccaccio, *Boccaccio's
Expositions on Dante's Comedy*(trans
and ed Michael Papo), University of
Toronto Press, Toronto, 2009

Michael Caesar(ed), *Dante:The Critical
Heritage,* Routledge, London, 1989

Stefano Carrai, *La lirica Toscana
del Duecento:cortesi, guittoniani,
stilnovisti,* Laterza, Rome, 1997

Isabelle Chabot, 'Il Matrimonio di
Dante', in *Reti Medievali Rivista,* 15,
2(2014)

Elizabeth A. Coggeshall, 'Dante, Islam, and
Edward Said', in *Telos,* Summer 2007

T. S. Eliot, *Selected Essays,* Faber,
London, 1961

Steve Ellis, *Dante and English Poetry,*
Cambridge University Press,
Cambridge, 1983

Joan M. Ferrante, *The Political Vision*

of the *Divine Comedy*, Princeton University Press, Princeton, 1984

John Freccero, *Dante:The Poetics of Conversion*, Harvard University Press, Harvard, 1986

Simon A. Gilson, *Dante and Renaissance Florence*, Cambridge University Press, Cambridge, 2005

Guglielmo Gorni, *Giudo Cavalcanti:Dante e il suo 'primo amico'*, Aracne, Rome, 2009

Antonio Gramsci, *Prison Notebooks*(ed and trans Joseph A.Buttigieg and Antonio Callari), Vol 2, Notebook 4, Columbia University Press, New York, 2011

Cecil Grayson(ed), *The World of Dante:Essays on Dante and his Times*, Clarendon Press, Oxford, 1980

Cecil Grayson, 'Latin and Vernacular in Dante's Thought', in *Centenary Essays on Dante*, Clarendon Press, Oxford, 1965

Peter Hainsworth and David Robey, *Dante:A Very Short Introduction*, Oxford University Press, Oxford, 2015

Robert Hollander, *Studies in Dante*, Longo Editore, Ravenna, 1980

Rachel Jacoff, *The Cambridge Companion to Dante*, Cambridge University Press, Cambridge, 1993

Tristan Kay, Martin McLaughlin, Michelangelo Zaccarello(eds), *Dante in Oxford:The Paget Toynbee Lectures*, Routledge, London, 2006

Tristan Kay, *Dante's Lyric Redemption: Eros, Salvation, Vernacular Tradition*, Oxford University Press, Oxford, 2016

Dennis Looney, *Freedom Readers:The African American Reception of Dante Alighieri and the Divine Comedy*, University of Notre Dame Press, Indiana, 2011

Vittorio Montemaggi, *Reading Dante's Commedia as Theology*, Oxford University Press, Oxford, 2016

Miguel Asin Palacios, *Islam and the Divine Comedy*, Goodword Books, Delhi, 2001

Emanuela Patti, *Pasolini after Dante:The 'Divine Mimesis'and the Politics of Representation*, Routledge, Lonon, 2016

Barbara Reynolds, *Dante:The Poet, the Political Thinker, the Man*, I.B. Tauris, 2006

Barbara Reynolds, *The Passionate Intellect:Dorothy L.Sayers'Encounter with Dante,* Wipf and Stock, Oregon, 2005

Marco Santagata, *Dante:The Story of His Life,* Belknap Press, London, 2016

John A.Scott, *Understanding Dante,* University of Notre Dame Press, Notre Dame, Indiana, 2004

Prue Shaw, *Reading Dante: From Here to Eternity,* Liverlight Publishing Corporation, New York, 2004

John Addington Symonds, *An Introduction to Dante,* Adam & Charles Black, London, 1899

John Took, *Dante: Lyric Poet and Philosopher: An Introduction to the Minor Works,* Clarendon Press, Oxford, 1990

Charles Williams, T*he Figure of Beatrice: A Study in Dante,* Faber & Faber, London, 1943

Ernesto Zingarelli, 'Parole e forme della *Divina Commedia* aliene dal dialetto fiorentino', in *Studi di Filogolgia Romanza,* Ermano Loescher & Co, Rome, 1888

但丁的世界

Harold Acton and Edward Chaney (eds), *Florence: A Traveller's Companion,* Constable, London, 1986

Hunt Emerson and Kevin Jackson, *Dante's Inferno,* Knockabout Ltd, London, 2012

James Fenton, 'Il miglior fabbro: on English translations of Dante', in *Guardian,* 25 June 2005

John Freccero, *In Dante's Wake: Reading from Medieval to Modern in the Augustinian Tradition,* Fordham University Press, New York, 2016

Eric G. Haywood (ed), *Dante Metamorphosis: Episodes in a Literary Life,* Four Courts Press, Dublin, 2003

Francesca Klein (ed), *Il libro del chiodo,* Edizioni Polistampa, Florence, 2004

Dagmar Korbacher, *Botticelli and Treasures from the Hamilton Collection,* The Courtauld Gallery, London, 2006

Joseph Luzzi, *In a Dark Wood: What Dante Taught Me About Grief,*

Healing, and the Mysteries of Love,
Collins, London, 2015

Anthony Mortimer (trans), *Complete Poems: Guido Cavalcanti,* Alma Classics, London, 2010

Tim Parks, 'A Most Delicate Invention: Money and Beauty', in *London Review of Books,* 22 September 2011

Tim Parks, 'Guelfs v. Ghibellines', in *London Review of Books,* 14 July 2016

Matthew Pearl, *The Dante Club,* Vintage, London, 2004

Ralph Pite, *The Circle of Our Vision: Dante's Presence in English Romantic Poetry,* Oxford University Press, Oxford, 1994

Dante Gabriel Rossetti, *The Early Italian Poets from Ciullo D'Alcamo to Dante Alighieri (1100-1200-1300),* Smith, Elder And Co, London, 1861

其他

Baraka Amiri, *The System of Dante's Hell,* Akashic Books, New York, 2016

Tim Ashley, 'Hell on Earth', in *Guardian,* 8 January 2005

Samuel Beckett, *Poems in English,* John Calder, London, 1961

Samuel Beckett, *Echo's Bones,* Faber, London, 2014

Samuel Beckett, *How It Is,* John Calder, London, 1964

Samuel Beckett, *More Pricks Than Kicks,* Calder and Boyars, London, 1970

Samuel Beckett, *Molly,* Calder and Boyars, London, 1971

Samuel Beckett, *Texts for Nothing,* Calder and Boyars, 1974

Samuel Beckett, *The Letters of Samuel Beckett 1957–1965,* Cambridge University Press, Cambridge, 2014

Samuel Beckett, 'Dante ···Bruno.Vico··· Joyce', in *Our Exagmination Round His Factification for Incamination of Work in Progress,* Faber and Faber, London, 1958

Erica Benner, *Be Like the Fox:Machiavelli's Lifelong Quest for Freedom,* Allen Lane, London, 2017

David Bindman, Stephen Hebron, Michael O'Neill, *Dante Rediscovered: From Blake to Rodin,* The Wordsworth

Trust, Grasmere, 2007

William Blake, *The Divine Comedy,*
Bibliotèque de l'Image, Paris, 2000

Jorge Luis Borges, *Seven Nights,* Faber,
London, 1984

Lucrezia Borgia and Pietro Bembo, *The
Prettiest Love Letters in the World,*
Collins, London, 1988

George Bornstein, 'Yeats's Romantic
Dante', in *Colby Quarterly,* Maine,
vol.15, June 1979

Dan Brown, *Inferno,* Bantam, London, 2013

William Burroughs, *Naked Lunch,* John
Calder/Olympia Press, London, 1966

William Burroughs, *Cities of the Red
Night,* John Calder, London, 1981

Italo Calvino (ed Martin McLaughlin),
Letters: 1941–1985, Princeton
University Press, Princeton, 2013

Enrico Cerulli, *Il Libro della Scala e la
questione delle fonti arabo–spagnole
della Divina Commedia,* Biblioteca
Apostolica Vaticana, Rome, 1949

Jessie Childs, *God's Traitors:Terror an
Faith in Elizabethan England,* Bodley
Head, London, 2014

Robert Crawford, *Young Eliot:From St
Louis to The Waste Land,* Jonathan
Cape, 2015

Vincent Cronin, *The Florentine
Renaissance,* Pimlico, London, 1992

Andrea Del Cornò, 'Letture e libri
italiani nella Londra vittoriana:la
bottega libraria dei fratelli Rolandi
di Quarona', in 'Le fusa del gatto',
Società Bibliografica Toscana, Torrita
di Siena, 2015

Andrea Del Cornò, 'Un ritrovato
giornale mazziniano: "Il Pellegrino" ',
in 'Le fusa del gatto', Società
Bibliografica Toscana, Torrita di
Siena, 2013

Paolo De Ventura, 'Dante e
Maometto:ragguagli ultimi di una
lunga polémcia', in *Critica Letteraria*
N.168–9, 2015

Eamon Duffy, *Reformation
Divided:Catholics, Protestants and the
Conversion of England,* Bloomsbury,
London, 2017

Jeremy Dummett, *Palermo:City of Kings,*
I.B.Tauris, London, 2015

T. S. Eliot, *The Poems of T. S. Eliot*, Vol1, Faber and Faber, London, 2015

Richard Ellmann, *James Joyce*, Oxford University Press, Oxford, 1982

M. Salem Elsheikh, 'Lettura (faziosa) dell'episodio di Muhammad', in *Quaderni di filologia romanza*, Vol 23, no.2, 2015

Evelyn Fishburn and Psiche Hughes, *A Dictionary of Borges*, Duckworth, London, 1990

John Flaxman, *Compositions by John Flaxman, Sculptor, R.A., from the Divine Poem of Dante Alighieri, Containing Hell, Purgatory and Paradise, With Quotations from the Italian, and Translations from the Version of the Reverend H. Boyd, to Each Plate*, Longman, Hurst, Rees, and Orme, London, 1807

Henry Fuseli, *Henry Fuseli 1741-1825*, Tate Gallery, London, 1975

Edward Hirsch, 'A Fresh Hell', in the *New Yorker*, 23 January 1995

Richard Holmes, *Coleridge:Darker Reflections*, HarperCollins, London, 1998

Amilcare A.Iannucci, *Dante, Cinema and Television*, University of Toronto Press, Toronto, 2004

Gabriel Josipovici, *The World and the Book*, Macmillan, London, 1971

James Knowlson, *The Life of Samuel Beckett*, Bloomsbury, London, 1996

Ed Krčma, *Rauschenberg/Dante*, Yale University Press, London, 2017

Ed Krčma, 'Dating the Dante drawings:Rauschenberg and method', in the *Burlington Magazine*, December 2017

Oscar Kuhns, 'Dante's Influence on Shelley', in *Modern Language Notes*, Vol 13, No 6, June 1898

Robert Lowell, *The Letters of Robert Lowell*, Faber & Faber, London, 2005

Malcolm Lowry, *Sursum Corda!The Collected Letters of Malcolm Lowry, Vol 1:1926-46*, Jonathan Cape, London, 1995

Lauro Martines, *April Blood:Florence and the Plot against the Medici*, Jonathan Cape, London, 2003

Jamie McKendrick, 'Beyond the Human', *London Review of Books*, 26 March 2009

Mario Nagari, *Pietro Rolandi da Quarona a Valesia:1801–1863*, La Moderna Novara, 1959

Pier Paolo Pasolini, *La Divina Mimesis*, Einaudi, Turin, 1975

Walter Pater, *The Renaissance*, Macmillan, London, 1910

Jan Piggott, *Palace of the People: The Crystal Palace at Sydenham 1854–1936*, C. Hurst & Co, London, 2004

Donato Pirovano, 'I controversi rapporti tra Dante e la letteratura islamica', in *L'Indice*, March 2014

Ezra Pound, *The Cantos of Ezra Pound*, Faber & Faber, London, 1987

Craig Raine, *The Divine Comedy*, Atlantic Books, London, 2012

Matthew Reynolds, 'Jamming up the Flax Machine', in the *London Review of Books*, 8 May 2003

Lucy Riall, *Garibaldi: Invention of a Hero*, Yale University Press, London, 2004

Nicholas Roe, *John Keats: A New Life*, Yale University Press, London, 2012

Anthony Rudolf, 'Memory and Writing', in *Stand 5* (3) 2004

Gaia Servadio, *Renaissance Women*, I.B.Tauris, London, 2005

Prue Shaw, 'The Fires of Lust and Poetry', in *Lectura Dantis* (ed Allen Mandelbaum, Anthony Oldcorn, Charles Ross), University of California Press, 2008

Enzo Siciliano, *Pasolini*, Bloomsbury, London, 1987

Denis Mack Smith, *Mazzini*, Yale University Press, London, 1994

Mike Stocks (trans) *Sonnets: Giuseppe Gioacchino Belli*, Oneworld Classics, London, 2007

Paul Strathern, *Death in Florence: The Medici, Savonarola and the Battle for the Soul of the Renaissance City*, Jonathan Cape, London, 2011

Paul Strathern, *The Medici: Godfathers of the Renaissance*, Jonathan Cape, London, 2003

Ian Thomson, *Primo Levi: Una Vita*, UTET, Milan, 2017

Ian Thomson, 'Roman Todger', article on Giuseppe Gioacchino Belli, *Times Literary Supplement*, 30 January 2009

Ian Thomson, 'The trump and the rump', review of Ciaran Carson's *The Inferno of Dante Alighieri, Guardian*, 21 December 2002

Ian Thomson, 'A Divine Journey to Hell and Back', article on Dante, *Independent*, 23 May 2015

Ian Thomson, 'Pretty Pickle', review of J. G. Nichols's translation of *The Divine Comedy, Times Literary Supplement*, 28 June 2013

Ian Thomson, 'Zozzo mondo', article on Pier Paolo Pasolini, *Times Literary Supplement*, 21 November 2008

Ian Thomson, 'Cold War Dante', review of Ed Krčma's Rauschenberg/ Dante, *Times Literary Supplement*, 15 September 2017

Ian Thomson, 'Outrageous', review of J. G. Nichols' translation of Boccaccio's *The Decameron, Times Literary Supplement*, 10 September 2010

Ian Thomson, 'In Calvino Veritas',

article on Italo Calvino, *Independent on Sunday*, 16 February 1992

James Thomson, *The City of Dreadful Night and Other Poems*, P. J. and A. E. Dobell, London, 1922

Paget Toynbee, 'Diminutive Editions of the *Divina Commedia*', letter in The Times, 5 February 1912

Helen Vendler, 'Dante' s Vita Nova', in *New Republic*, 5 October 2012

Bill W and Dr Bob, *Alcoholics Anonymous Big Book*, Alcoholics Anonymous World Services Inc., New York, 2001

Garry Wills, *Why I am a Catholic*, Houghton Mifflin Company, New York, 2002

W. B. Yeats, 'William Blake and his illustrations to the *Divine Comedy*', in the *Savoy*, No 3, July 1896

Jan M. Ziolkowsi, 'Dante and Islam', in *Dante Studies*, No 125, 2007

致谢

在所有生者和逝者中，我要特别感谢剑桥大学彭布罗克学院的安布罗吉奥·卡莫兹·皮斯托亚博士，我在写作过程中有幸请他阅读了本书的章节，我十分钦佩他拥有关于但丁的深厚知识。我还要特别感谢伯明翰大学的保罗·德·文图拉博士，他也给予了我慷慨的支持和建议。我十分感谢芙蕾雅·迪恩和安德鲁·肯瑞克所提供的具有启发性的批评。我还要感谢亲爱的朋友盖娅·塞尔瓦迪奥在我研究过程中给予我指点，还为我引见弗兰科·泽菲雷里的养子菲力波。我也要感谢马可·汤普森再次从自己的写作任务中抽出时间阅读我的书稿。他给予我的鼓励、建议是无价之宝。

我感谢尼尔·贝尔顿委托我写作本书。我完全信任他的判断力，很感激他拥有完美无瑕的语感。我也要感谢宙斯之首出版社的乔治娜·布莱克威尔和克里斯丁·达克，感谢苏珊·奥皮耶进行本书的审稿工作。

此外，我还想表达对伦敦图书馆意大利图书购买部的主管安德里亚·德尔·科尔诺的由衷感谢，感谢他在我写作这本关于"最伟大的诗人"（安东尼奥·帕尼兹如此称呼但丁）的书的过程中提供的帮助。假如没有安德里亚热心帮我寻找有关但丁的参考文献，我可能很难按时完成本书。我还要感谢扬·皮格特博士，他是我进入文字世界的领路人，还要感谢他的妻子卡丝，他们陪伴我走过了写作有关《神曲》的书的漫漫长路。伦敦大学学院的凯瑟琳·基恩博士好心地为我提供了她关于但丁的参考文献目录，而东安格利亚大学的艾德·科尔马对我的帮助之大超出他的想象（感谢你告诉我世上还有那些令人好奇的、有关但丁的书籍，并亲自阅读了本书与此相关的那一章）。我还要感谢我在东安格利亚大学的同事们，他们是我在校园政治那时令人感到别扭的世界中的伙伴，包括海伦·史密斯和凯瑟琳·修斯。我的朋友萨斯齐亚·巴伦最先告诉我劳森伯格作了以但丁为题材的画，我为此表示感谢。

我还要感谢以下所有人对我的支持和持久的鼓励：希恩·罗宾森（他是我的好友和顶级的赞助人，他在我低落时给予我支持，并向我介绍了《地狱》这部电影）、莉莉·皮兹基尼、优秀的中世纪研究专家威尔·罗希特、吉阿然·卡森、米格尔·"米格兹"·卡伦、罗伯特·戈登、西西莉亚·罗伯斯特里、托尼·鲁道夫、菲力波·"皮波"·泽菲雷里、韦斯顿·查尔斯沃思、瑞贝卡·斯托特、伦敦意大利文化协会的马可·德洛古，以及皇家艺术学院档案馆和馆藏部经理尼尔·帕金森。伯明翰大学的埃曼纽尔拉·帕提博士让我对帕索里尼从但丁作品中受到的影响有了更深刻的认识。我十分感激玛瑞特姨妈的灵魂，我有时候相信她就在我身边。我要感谢特里·塔斯塔德神父和利奥·艾德加神父，他们拥有广博的关于生命核心奥秘的知识。我也要感谢自己和毛里斯·格拉斯曼的那段长达15年的友情。愿耶和华与你同在。

劳拉（我不知道的是，她可能是一名贝雅特丽齐一般的人物）对前面几章的草稿做了很有帮助的评注：向那对旧时光的不灭回忆致敬。毛德、锡德尼和亨利多年以来一直忍受着我为了写作或者只是为了逃避家务而躲进自己的小世界（感谢亨利，你向我提到的那些和《毁灭战士》有关的内容，它们很酷，很不错）。我爱你们所有人。

图片来源

扉页后 Getty/DEA/G. Dagli Orti;

p. Ⅵ SplashNews/Alamy;

p. Ⅸ © Tate, London 2018;

p. Ⅹ Getty/Historical Picture Archive;

pp. ⅩⅣ-ⅩⅤ , ⅩⅧ-ⅩⅨ Fox/Kobal/REX/
Shutterstock;

p. ⅩⅪ Everett Collection Inc./Alamy;

p. ⅩⅩⅣ © Alma Books;

p. 5 Shutterstock;

pp. 28-29 Harvard Art Museums/Fogg
Museum,Bequest of Grenville L.
Winthrop;

p. 36 Getty/DEA/Veneranda Biblioteca
Ambrosiana;

p.52 Leemage/Contributor;

p. 71 De Agostini Picture Library/G.
Nimatallah/Bridgeman;

pp. 80-81 Getty, Franco Origlia;

p. 99 Getty/Ulf Andersen;

p. 112 Granger/Bridgeman;

p. 113 © British Library Board/
Bridgeman;

p. 125 Granger/Alamy;

p. 136 Mondadori Portfolio/Bridgeman;

pp. 150-151 Fratelli Alinari/Getty;

pp. 174-175 Peter Horree/Alamy;

p. 200 Getty/David Lees;

p. 217 AP/Topfoto.co.uk;

p. 223 akgimages/Mondadori Portfolio/
Electa/Saporetti;

p. 228 © Robert Rauschenberg
Foundation/DACS, London/
VAGA, NY 2018, Canto IV:Limbo,
Circle One, The Virtuous Pagans
fromThirty-Four Illustrations for
Dante's Inferno(1959–60), MoMA;

p. 230 Wellcome Images/Getty;

p. 236-237 Getty/Heritage Images;

p. 239 Cornell University Library;

pp. 240-241 akgimages/André Held;

pp. 254-255 Getty/Heritage Images;

p. 258 Galleria degli Uffizi, Florence/
Bridgeman;

pp. 6-7,10-11,44,66,102,123,132-133,
160–161,188-189,194-195,262,
PublicDomain/Wikimedia
Commons.

译名对照表

A

阿尔蒂尔·兰波 Arthur Rimbaud

阿尔弗雷德·丁尼生 Alfred Tennyson

阿尔杰农·斯温伯恩 Algernon Swinburne

阿尔诺·丹尼埃尔 Arnaut Daniel

阿奎那 Aquinas

阿雷佐 Arezzo

阿里 Ali

阿利吉耶罗·迪·贝林丘内 Alighiero di Bellincione

阿威罗厄斯 Averroës

埃兹拉·庞德 Ezra Pound

爱德华多·桑圭奈蒂 Eduardo Sanguinetti

安伯托·艾柯 Umberto Eco

安德鲁·弗里萨迪 Andrew Frisardi

安东尼·伯吉斯 Anthony Burgess

安东尼奥·葛兰西 Antonio Gramsci

安茹伯爵查理 Charles of Anjou

奥利弗·温德尔·荷尔摩斯 Oliver Wendell Holmes

奥诺雷·德·巴尔扎克 Honoré de Balzac

奥逊·威尔斯 Orson Welles

奥维德 Ovid

奥西普·曼德尔施塔姆 Osip Mandelstam

B

巴尔托罗美奥·德拉·斯卡拉 Bartolomeo della Scala

芭芭拉·雷诺兹 Barbara Reynolds

拜伦勋爵 Lord Byron

保罗·马拉台斯塔 Paolo Malatesta

鲍勃·迪伦 Bob Dylan

贝雅特丽齐·德·波尔蒂纳里 Beatrice dei Portinari

比萨大主教卢吉埃里 Archbishop Ruggieri of Pisa

彼埃特罗·本博 Pietro Bembo

彼埃特罗·罗兰迪 Pietro Rolandi

彼得·格林纳威 Peter Greenaway

彼得·修斯 Peter Hughes

彼得拉克 Petrarch

毕卡尔达·窦那蒂 Picarda Donati

波爱修斯 Boethius
勃鲁内托·拉蒂尼 Brunetto Latini
布兰查德·杰罗尔德 Blanchard Jerrold

C
查尔斯·威廉斯 Charles Williams

D
但丁·阿利吉耶里 Dante Alighieri
丹特·加布里埃尔·罗赛蒂 Dante
　　Gabriel Rossetti
多萝西·L. 塞耶斯 Dorothy L. Sayers

E
E. H. 普朗普特 E. H. Plumptre
E. M. 福斯特 E. M. Forster

F
法国国王腓力四世 King of France
　　Philip IV
法利那塔·德·乌伯尔蒂 Farinata
　　degli Uberti
菲利普·特里 PhilipTerry
腓力四世 Philip IV
弗兰科·泽菲雷里 Franco Zeffirelli
弗兰切斯卡·达·里米尼 Francesca

da Rimini
弗朗茨·李斯特 Franz Liszt
弗朗索瓦·拉伯雷 Francois Rabelais
弗里德里希·尼采 Friedrich Nietzsche
伏尔泰 Voltaire
浮雷塞·窦那蒂 Forese Donati
福尔科·波尔蒂纳里 Folco Portinari

G
古斯塔夫·多雷 Gustave Doré
圭多·圭尼采里 Guido Guinizzelli
圭多·卡瓦尔堪提 Guido Cavalcanti
圭托内·达·阿雷佐 Guittone
　　d'Arezzo
国王亨利八世 King Henry VIII

H
哈罗德·阿克顿勋爵 Sir Harold Acton
豪尔赫·路易斯·博尔赫斯 Jorge Luis
　　Borges
荷马 Homer
贺拉斯·沃波尔 Horace Walpole
亨利·爱德华·曼宁 Henry Edward
　　Manning
亨利·博伊德 Henry Boyd
亨利·佛朗西斯·凯里 Henry Francis

Cary

亨利·福塞利 Henry Fuseli

亨利·朗费罗 Henry Longfellow

J

J. G. 巴拉德 J. G. Ballard

吉洛拉谟·萨伏那罗拉 Girolamo
　　Savonarola

加布里埃尔·邓南遮 Gabriele
　　d'Annunzio

贾科莫·达·伦蒂尼 Giacomo da
　　Lentini

贾科莫·普契尼 Giacomo Puccini

教皇卜尼法斯八世 Pope Boniface VIII

教皇利奥十世 Pope Leo X

杰玛·窦那蒂 Gemma Donati

K

卡雷尔·威特 Carel Weight

卡洛·莱维 Carlo Levi

卡米洛·奔索 Camillo Benso

卡洽圭达·德·艾丽塞 Cacciaguida
　　degli Elisei

卡瓦尔堪台·德·卡瓦尔堪提
　　Cavalcante de' Cavalcanti

克莱夫·詹姆斯 Clive James

克雷格·雷恩 Craig Raine

克里斯托弗罗·兰迪诺 Cristoforo
　　Landino

寇尔索·窦那蒂 Corso Donati

L

拉帕·德·齐雅丽希墨·齐雅路菲
　　Lapa di Chiarissimo Cialuffi

莱昂纳多·布鲁尼 Leonardo Bruni

勒鲁瓦·琼斯 LeRoi Jones

李·亨特 Leigh Hunt

里卡尔多·赞多纳伊 Riccardo
　　Zandonai

里纳尔多·德·阿奎诺 Rinaldo
　　d'Aquino

卢卡·西诺雷利 Luca Signorelli

卢克雷齐娅·波吉亚 Lucrezia Borgia

卢西亚诺·贝里奥 Luciano Berio

罗宾·柯克帕特里克 Robin
　　Kirkpatrick

罗伯特·劳森伯格 Robert
　　Rauschenberg

罗伯特·洛威尔 Robert Lowell

罗杰·阿斯堪 Roger Ascham

罗兰·巴特 Roland Barthes

洛伦佐·德·美第奇 Lorenzo de' Medici

M

马丁·路德 Martin Luther

马尔科姆·劳瑞 Malcolm Lowry

马可·桑塔加塔 Marco Santagata

马里奥·莫塔 Mario Motta

玛瑞特·郝佳思 Maret Haugas

玛苔尔达 Matelda

麦克斯·毕尔勃姆 Max Beerbohm

米开朗琪罗 Michelangelo

米开朗琪罗·安东尼奥尼
　Michelangelo Antonioni

N

尼基塔·赫鲁晓夫 Nikita Khrushchev

尼科洛·马基雅维利 Niccolò
　Machiavelli

P

皮埃尔·保罗·帕索里尼 Pier Paolo
　Pasolini

珀西·比希·雪莱 Percy Bysshe
　Shelley

普里莫·莱维 Primo Levi

Q

奇诺·达·皮斯托亚 Cino da Pistoia

乔纳森·理查德森 Jonathan
　Richardson

乔叟 Chaucer

乔万尼·薄伽丘 Giovanni Boccaccio

乔万尼·德拉·卡萨 Giovanni della
　Casa

乔治·佩特洛齐 Giorgio Petrocchi

切萨雷·龙勃罗梭 Cesare Lombroso

丘罗·德·阿尔卡莫 Ciullo d'Alcamo

R

让·萨缪尔 Jean Samuel

S

萨缪尔·贝克特 Samuel Beckett

萨缪尔·约翰逊 Samuel Johnson

塞伦·卡森 Ciaran Carson

塞缪尔·泰勒·柯勒律治 Samuel
　Taylor Coleridge

桑德罗·波提切利 Sandro Botticelli

神圣罗马帝国皇帝腓特烈二世 Holy
　Roman Emperor Frederick II

圣奥古斯丁 St Augustine

圣保罗 St Paul

圣吉米尼亚诺 San Gimignano

圣约翰 St John

史蒂夫·埃利斯 Steve Ellis

斯宾塞·屈塞 Spencer Tracy

斯坦·布拉哈格 Stan Brakhage

索尔戴罗·达·戈伊托 Sordello da Goito

沃尔特·佩特 Walter Pater

乌戈·福斯科洛 Ugo Foscolo

乌格利诺·德·盖拉尔戴斯卡
　　Ugolino de' Gherardeschi

T

汤姆·菲利普斯 Tom Phillips

托马斯·格雷 Thomas Gray

托马斯·克伦威尔 Thomas Cromwell

托马索·康帕内拉 Tommaso
　　Campanella

T. S. 艾略特 T. S. Eliot

X

西蒙奈·德·巴尔迪 Simone dei Bardi

西塞罗 Cicero

希恩·奥布莱恩 O'Brien, Sean

谢默斯·希尼 Seamus Heaney

W

W. B. 叶芝 W. B. Yeats

万尼·符契 Vanni Fucci

威廉·巴勒斯 William Burroughs

威廉·贝克福德 William Beckford

威廉·布莱克 William Blake

威廉·黑利 William Hayley

威廉·莫里斯 William Morris

维吉尔 Virgil

维克多·雨果 Victor Hugo

维尼齐乌斯·德·莫雷斯 Vinicius de
　　Moraes

文森佐·提加尼 Vincenzo Tizziani

Y

伊本·哈姆迪斯 Ibn Hamdis

伊壁鸠鲁 Epicurus

伊丽莎白·芭蕾特·布朗宁 Elizabeth
　　Barrett Browning

伊塔洛·卡尔维诺 Italo Calvino

伊塔洛·斯韦沃 Italo Svevo

伊西多洛·德·伦戈 Del Lungo, Isidoro

约翰·埃弗里特·米莱斯 John Everett
　　Millais

约翰·班扬 John Bunyan

约翰·福莱克斯曼 John Flaxman

约翰·亨利·纽曼 John Henry Newman

约翰·济慈 John Keats

约翰·拉斯金 John Ruskin

约翰·利德盖特 John Lydgate

约翰·弥尔顿 John Milton

约翰·西阿弟 John Ciardi

约翰内斯·纽迈斯特 Johannes
　　Neumeister

约瑟夫·卢齐 Joseph Luzzi

Z

詹姆斯·罗素·洛威尔 James Russell
　　Lowell

詹姆斯·乔伊斯 James Joyce

詹姆斯·汤姆逊 James Thomson

朱塞佩·加里波第 Giuseppe Garibaldi

朱塞佩·马志尼 Giuseppe Mazzini

朱塞佩·乔阿齐诺·贝里 Giuseppe
　　Gioachino Belli

里程碑文库

The Landmark Library

"里程碑文库"是由英国知名独立出版社宙斯之首（Head of Zeus）于2014年发起的大型出版项目，邀请全球人文社科领域的顶尖学者创作，撷取人类文明长河中的一项项不朽成就，以"大家小书"的形式，深挖其背后的社会、人文、历史背景，并串联起影响、造就其里程碑地位的人物与事件。

2018年，中国新生代出版品牌"未读"（UnRead）成为该项目的"东方合伙人"。除独家全系引进外，"未读"还与亚洲知名出版机构、中国国内原创作者合作，策划出版了一系列东方文明主题的图书加入文库，并同时向海外推广，使"里程碑文库"更具全球视野，成为一个真正意义上的开放互动性出版项目。

在打造这套文库的过程中，我们刻意打破了时空的限制，把古今中外不同领域、不同方向、不同主题的图书放到了一起。在兼顾知识性与趣味性的同时，也为喜欢此类图书的读者提供了一份"按图索骥"的指南。

作为读者，你可以把每一本书看作一个人类文明之旅的坐标点，每一个目的地，都有一位博学多才的讲述者在等你一起畅谈。

如果你愿意，也可以将它们视为被打乱的拼图。随着每一辑新书的推出，你将获得越来越多的拼图块，最终根据自身的阅读喜好，拼合出一幅完全属于自己的知识版图。

我们也很希望获得来自你的兴趣主题的建议，说不定它们正在或将在我们的出版计划之中。

里程碑文库编委会